章太炎家书

手稿与简体字对照版

章太炎 等著

马 勇 编注

团结出版社

图书在版编目（ＣＩＰ）数据

　　章太炎家书 / 章太炎等著；马勇编注. -- 北京 ：
团结出版社，2021.4
　　ISBN 978-7-5126-7306-9

　　Ⅰ．①章… Ⅱ．①章… ②马… Ⅲ．①章太炎（
1869-1936）－书信集 Ⅳ．①B259.25

　　中国版本图书馆 CIP 数据核字(2019)第 183046 号

出　版：团结出版社
　　　　（北京市东城区东皇城根南街 84 号　邮编：100006）

电　话：(010) 65228880　65244790 （出版社）
　　　　（010) 65238766　85113874　65133603 （发行部）
　　　　（010) 65133603 （邮购）

网　址：http://www.tjpress.com

E-mail：zb65244790@vip.163.com
　　　　tjcbsfxb@163.com（发行部邮购）

经　销：全国新华书店

印　装：三河市东方印刷有限公司

开　本：137mm×184mm　　32 开

印　张：13.125

字　数：58 千字

版　次：2021 年 4 月　第 1 版

印　次：2021 年 4 月　第 1 次印刷

书　号：978-7-5126-7306-9

定　价：49.80 元

序

几个月前，团结出版社张茜编辑来聊天，希望我为他们策划的《章太炎家书》做点注释。因为我过去很多年一直留心章太炎资料的搜集整理，并先后编有《章太炎书信集》《章太炎演讲集》，并为《章太炎全集》最后完成补充过几卷，因而并没有觉得多难，就欣然接受了。

然而，当正式开始工作时，我才发现这本家书的编辑注释并不像我过去的工作那么简单。不论书信集、演讲集，还是全集，它的读者对象都是专业人员，因而相对来说比较简单。而这一次的书信集，出版社希望能有更多的受众，因而在选材，尤其是注释方面并不那么容易。

先说选材。所谓家书，就是章太炎写给自己家人的信，而在这一点上，我们今天能做的事情格外的少。我们知道，章太炎一生都忙于学术和革命，一方面他确实属于顾大家而忘小家的革命者。1892年，二十三岁的章太炎奉父母之命，娶王氏。章太炎后来在自订年谱中说是"纳妾王氏"，很多人表示不太理解。其实如果了解章太炎自订年谱写作时的背景与心理状态就容易理解了。这其实是大历史学家章太炎的"春秋笔法"。

在章太炎第一段婚姻中，我们今天所能知道的除了留下的三个女儿外，对于其婚姻、家庭生活的细节，我们所知极少。章太炎他老先生甚至也没有给他第一位妻子留下一封家书，或许有而没有留存下来，历史毕竟发生多而留存的证据少，这是历史学之所以魅力无穷的一个重要因素。

章太炎与王氏留下三个女儿，长㸚，次叕，次㠭。1903年，王氏病故，章太炎也因《苏报案》被囚禁在西牢，三个女儿最大的不过十岁，他们均由其伯父收留抚养。

三个女儿的大概情况是，大女儿章㸚生于1893年，字蕴来，1910年嫁给了章太炎的弟子、嘉兴人龚宝铨。龚宝铨，字未生。

章㠭、龚宝铨他们夫妻二人情投意合，极为般配，但可惜的是1915年春，章㠭偕龚宝铨及妹妹章㺕入京省父，"㠭孝思颇笃，见其父之困蹇忧愤，乃极意承欢，饮食医药，无不周至。顾其心危虑深，居恒辄郁郁也。留五月，其姑驰书召归，㠭既不忍远离父侧，又不欲重违姑意，自此益忧形于色，行有日矣，竟自缢于卧室，平旦发觉，已不救。"（汤国梨：《章太炎家书序》）

章㠭在章太炎幽禁处悄然自杀，令人悲伤。白发人送黑发人，而且死得如此惨烈，这是章太炎人生中的一件最为悲催的惨剧。

二女儿章叕，生于1897年，据说很早就过继给了章太炎长兄章篯。有资料说，章叕活到了1992年，九十五岁辞世，但更多的信息还不太清楚。

三女章㺕，字穆君，也写作廖君，生于1899年，卒于1973年，享年七十四。据记载，章㺕十三岁入杭州女师读书，十六岁随父至上海，入博文女中，后入教会学校专习英文。二十三岁入金陵女子大学读书，先学化学，后因数学程度不够而转入文科。

1924 年，由父母做主，二十五岁的章㛗与乐清人朱镜宙结婚。

乐清朱家，是极负盛名的文化世家。朱镜宙也是一位充满革命激情的优秀青年，他是杭州光复的积极行动者，也是民国初年极负盛名的报界新秀，与张季鸾等人一起创办过一些很有影响力的报纸。护法战争期间，章太炎担任护法军政府秘书长，朱镜宙任军政府参议。近距离的交往，让章太炎对朱镜宙的才华、理念有很深的了解与认同，因而做主将三女章㛗许配给朱镜宙，并在上海一品香饭店为其举行了隆重的婚礼，婚礼现场名流云集。

婚后不久，章㛗随夫返回夫家故乡温州居住。再后来，章㛗随夫任职上海、甘肃、陕西、川康而颠沛流离。

1940 年秋，章㛗、朱镜宙十八岁女儿朱人娴考入成都华西大学。章㛗此时重理旧业，重拾旧梦，也进入成都金陵女子大学恢复学籍，继续先前在金陵女子没有完成的学业。

抗战胜利后，章㛗随丈夫朱镜宙重回温州，过着隐居生活。然而好景不长，1948 年冬，毕业后当空姐的朱人娴在上海飞往香港的途中不幸遇难。无独有偶。也是这一年，朱镜宙在广东韶关南华寺皈依佛门，后去了台湾，而章㛅却留在大陆，两人的世俗缘分至此结束。再后来，章㛅返回杭州居住，并在弘道女中等处任教。

章太炎对这个小女儿格外关心，收入这本家书中有两通写给章㛅的信。第一封劝说她当博览书史，不宜懒散。第二封指导章㛅如何阅读中国历史书，劝其先从《资治通鉴》读起，循序渐进，不必在《二十四史》上瞎耽误功夫，"盖以人生日力有限故也。果熟读《资治通鉴》，在今日即可称第一等学人，何必泛览也。"

构成本书主题的还是太炎之第二段婚姻。

1913年，单身十年的章太炎在上海与汤国梨举行盛大结婚典礼，开始了他生命中最重要的一段生活。

汤国梨，字志莹，号影观。1883年生于乌镇，时年三十，属于大龄女青年。但她又是那时极少的知识女性，能诗善书，且有政治抱负，也有属于自己的良好人脉。然而婚后不久，章太炎就因故被袁世凯幽禁了两年之久，幸因袁世凯突然病逝，章太炎得以自由。我们这本书所选的所谓"章太炎家书"，其主体部分就是章公1916年之前两年时间被幽禁北京时写给汤国梨的家信。1961年冬，为纪念章太炎谢世二十五周年，纪念辛亥革命五十周年，年届八十的汤国梨先生将自己珍藏达五十年的这一部分家信交给中华书局影印出版。

中华书局之影印本，是学术界一直在使用的本子。多年前因编辑《章太炎书信集》，我也曾用心整理一过，参照前人已经辨识出来的成果予以标点。当然，我深知学术就是一代又一代的接力，任何人的整理都不可能毫无瑕疵。学术的意义就是在前人的基础上有所前进，而不是后退。

如果仅仅将章太炎写给汤国梨先生，以及他的其他家人的书信汇为一册，难度并不会很大。这一次真正感到有点难度的还是注释。我原本没有想到这一点，因而爽快答应了张编辑的约请，直至真正做起来，才发现注释本身就是学问，而且比一般研究、写作，更难，更挑剔。

研究、写作，可以绕道走，实在不懂的完全可以不触及。但是注释则不然，最需要注释的，可能恰恰是自己也不知道的问题。这就需要翻检资料，需要比对。因而，这本小书，确实耗费了相当多的精力，当然也因此而学到了许多过去不曾知道的东西。当然，有个别地方，依然付之阙如，找不到线索。

　　学术是一门无止境的艺术，我相信不论是选材，还是注释，都有很多需要补正、调整的空间。希望今后还有机会继续这项研究。

马勇，

2019 年 8 月 3 日星期六。

目 录

京师警察厅致汤国梨[①] (一通)

① 章太炎在被袁世凯软禁期间，往来书札都要交总厅检视，很多书信都被拦截。先前因汤国梨为一介女流，对其书信检查有所放松，后来发现在章太炎与汤国梨的通信中也多涉及时事，于1915年10月8日，以京师警察厅的名义给汤国梨发了一封警告信。

径启者：前因章太炎君患神经病症，举动乖张，政府眷念前劳，恐其罹于非祸，交由本厅特别看护，实出于保全太炎之意也。所以，对于太炎种种待遇，必丰必优，一切用度，悉出公家，其起居饮食，无不适便，太炎久已处之泰然、安之若素矣。故前者曾屡约女士来京同居，于此，已可见大炎在京并无所苦，而女士迄不能来，惟往来寄书，以通音问而已。不意太炎先后径寄女士二电，阅其词意，异常荒谬，自非神经别有感触，安得有此种电文。窃维女士与太炎谊属伉俪，关心尤切，既不能来京同居，随时匡救，则往来通函似应格外留意，多用慰藉宽解之词，开导其郁结，使彼无所怅触，庶几悖谬言词，不至形诸笔墨。否则，扰乱治安，国有常刑。

　　与其维持于后，曷若防范于先，用特函达聪听，务望嗣后通信措词平和，毋使太炎神经有所感触，则出辞吐气可免事端。此固太炎之福，想亦女士之所愿也。此致汤国梨女士

京师警察厅启

中华民国四年十月八日

2

龚宝铨致章太炎（一通）[1]

① 龚宝铨原名国元，字薇生，别号味荪、味生、未生、未苏、独念和尚，浙江嘉兴人。幼承家教，酷爱文史。1902 年留学日本，参与军国民教育。1904 年参与创办光复会。后在东京与钱玄同、朱希祖、许寿裳、鲁迅等，听章太炎讲学，也是章太炎之长婿。入民国，任浙江图书馆馆长，刊印章太炎之《章氏丛书》。章太炎长女 1915 年北京自缢身亡后，续娶嘉兴褚辅成侄女褚明颖，无子女，以侄龚肇文为嗣。

外舅尊前[①]：

　　一月前，外姑忽胃肠、风斑两症，六七日前病症加重，即入广仁医院，又隔三四日间，似小产光景，其势甚急。据医云，不能少动，诚恐小产，现在卧榻不起。本以柔弱之躯，患此疾病，不可轻视。如尊驾或可及早言旋，最为盼祷。铨自初二日到申，兹以"双十节"[②]筹备事务之须，明日回杭。俟事务粗了，拟十五日再行出来。专肃敬颂旅社。

铨谨上

十月六日

---

　　① 《尔雅·释亲》："妻之父为外舅。"此处外舅，指章太炎，龚宝铨之岳父。

　　② "双十节"即辛亥革命纪念日，中华民国诞生日。

龚宝铨致汤国梨（一通）

外姑^①大人尊鉴：

　　昨上一函，计可达到。刻接朱逖先兄来函，于外舅现状，言之甚详，兹特抄奉。朱君嘱铨等往京，事本甚善，惟铨近来身体外观上较前稍形强健，而精神终未复厚，夜唾闻声，不能成寐，步行里许，即觉疲劳。内人^②每至冬季，胃口不开，常患呕吐。今若束装北行，预计行程极速须两日夜。际此天寒，深虑途中骤生疾病，于事毫无裨补。故行止二字，现尚踌躇莫决，惟观外舅近状殊形危险，铨意属救急计，唯有请外姑先行赴京。铨一面再与春伯^③、仲铭^④两伯外舅商量，令小姨^⑤同往

---

　　① 《尔雅·释亲》："妻之母为外姑。"此处外姑，指汤国梨，龚宝铨之岳母。

　　② 指龚宝铨之妻，章太炎之长女章㛓。

　　③ 春伯，指章太炎之兄。

　　④ 仲铭，指章太炎之兄。

　　⑤ 章㠀，章太炎三女。

（实则小姨之去关系尚不甚重）。至善后之策，容后从长计议。铨与外姑等情关至戚，无事不可商量。外姑入京后南方之事，铨苟力所能及，当无不代为办理。外姑如以为然，请即示复，铨当来申接洽一切也。此请钧安。

龚宝铨启

十二月二十六日

致汤国梨（一〇〇通）

志莹女士左右：

昨接电，述张君伯纯^①示语，知左右不遗莩菲^②，诺以千金，不胜感忭。江左、浙西文学凋敝，荐历岁年，赖左右昌明诗礼，

---

① 张伯纯（1859-1915），名通典，号天放楼主，以字行。为前清举人，清光绪年间曾协助曾国荃督办两江学务。戊戌变法期间，与谭嗣同、黄遵宪、康有为、梁启超、陈三立等，组成南学会，办时务学堂，兴办《湘报》《时务报》等。1900 年在上海与章太炎等发起"张园国会"。辛亥革命后任临时大总统秘书。一生著述颇丰，有《天放楼文集》《袖海棠文集》《框言》《志学斋笔记》等。其女张君默与汤国梨为上海务本女校同学，辛亥革命爆发后两人与谈社英等人组织"女子北伐队"，筹款支持孙中山北伐。

② 不遗莩菲，出自《诗·邶风·谷风》"采莩采菲，无以下体"。后比喻只要有一点可取的人才或言论都要尽量收罗，不使遗漏。也比喻收容地位低的人，多用于自谦地位低。此处是章太炎自谦汤国梨不嫌弃自己，接受婚约。

为之表仪。不佞得以余闲，亲聆听金玉，慰荐无量。迩来人事烦忧，劳于征役，自沪抵鄂，又几二旬，诸所规谋，未能大定。黎公①属赴燕都，有所箴戒。以规为瑱，又在意中。亦因官事便蕃，宜有措置。幸而克济，东隅保障，不敢不勉。若佞谀阻梗，且作别图。握手之期，当非甚远。先上约指二事，以表璞诚。临颖拳拳，不胜驰系。初夏气暖，动定自卫。

章炳麟鞠躬

五月二十六日

据杭州名人纪念馆提供手稿

---

① 黎公，指黎元洪。

志塾女士左右昨接電述張君伯純示語

知左右不遺葑菲謀臣千金不勝感怀

江左浙西文學彫敝歷歲年賴五

丕昌明許禮為之表儀不佞得臣餘閒

親聆金玉慰藉無量邇來人事煩憂勞

於征役自滬抵鄂又幾二旬諸所規謀

未能大定黎公屬赴燕都有所箴戒

12

呂規為填又杜意中亦因官事便蕃空

有措置幸而克濟束隅係障不敢不勉

若侯談俎梗且作別圖握手之期當非甚

遠先上約指二事居表璞誠厒穎拜二不

勝馳系初夏氣煖動定自衛章炳麟鞠

朗五月二十六日

13

○○二

汤夫人左右:

不佞初十日抵津，已有电报。十一日早入京，驻化石桥共和党本部。都下戒严，人情汹扰。闻南京又倡独立，翻云覆雨，可谓出人意表。吴淞恐有大战，家居务宜戒慎。一切可询问严先生[①]庶无无惶遽不安之事。夏秋代嬗，天气新凉，宜自珍重，勿多啖瓜果凉水，开窗当风而卧。临纸神驰，思子无极。

章炳麟鞠躬

十一日夜（1913 年 8 月）

---

① 严先生，即严濬宣。章太炎有《戏书赠严濬宣》二首："钓鱼仍作客，买菜岂求多。为问钤山子，当如老祖何？""一往骑驴去，何愁负债多。市头逢博士，书卷且如何？"见谢樱宁：《章太炎年谱摭遗》，136 页，北京：中国社会科学出版社 1987 年。

湯夫人左右不佞初十抵津已肎

電報十一早入都駐化石橋甚和

蕓本鄉柳下戒嚴人情洶擾

閧南京又倡獨立飜雲覆雨可

謂出人意表矣滁恐有大戰家

原榜空故摸一切可洵問巌兒

生産無恙慮不妄之耳夏秋

共和黨本部用牋

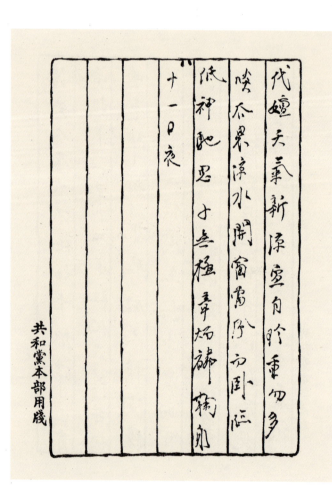

代媛天氣新涼室自貯重四多

曉來果涼水開窗當戶而卧徑

徙神助忍寸無極聿炳餘稱神

十一日夜

共和黨本部用箋

汤夫人左右：

十一日到京，即付快信一函，当可收到。迩来共和党甚相亲爱，而进步、保皇诸派时腾谤词，大抵政府使之也。袁公[1]假意派兵保护，已力却之。天气新凉，起居宜慎，时时弈棋、打毯，藉以排闷，并令血脉和调，是为要务。如欲浏览书籍案上所庋皆可繙观，但每阅一册毕后当仍归部□耳。吴淞兵事已解，沪上当无他虑。南京情状变幻百端。如有所闻，幸书以示我也。书此敬问起居万福。

章炳麟鞠躬

八（月）十四日（1913年）

————————

① 袁公，指袁世凯。

澓宣先生并候

外与剑侯^①一函。

　　① 剑侯，即沈定一（1883-1928），又名沈崇焕，本名宗传，字叔言，又字剑侯，号玄庐，浙江萧山昭东长巷村人。父沈受谦，进士。剑侯兄弟三人，排行居三，人称三先生。光绪二十七年秀才，三十年任云南楚雄广通县知事，后调任武定知州，省会巡警总办。后留学日本，加入同盟会。辛亥革命期间，参加光复上海的武装起义。1912 年当选为浙江省议会议员。稍后在上海组织"公民激进党"倒袁。"二次革命"失败后流亡日本，逃避通缉，任留日学生总会总干事。1916 年回国，当选浙江省第二届省议会议长。

暘夫人左右 十四日到京即付悮佇一函

當可收到函来共和黨甚相鞭悪而

进步係连诸派時腾谤词大抵政府

使之也表以似意派兵保護已力卻之

天氣新涼起居宜慎時事棋打

毡藉八排悶开今血脈和調丕為要

弟如欲開晚舊籍束上所废皆可

共和黨本部用箋

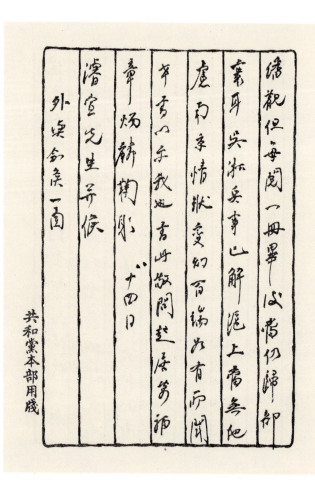

繇覩但每閱一冊畢必當仍歸部

蓋耳吳淞兵事已解滬上當無他

慮两承情狀變幻百端此有所聞

率貢以來我迎書冊版闆趄屠等師

韋炳蘇菊影　廿四日

濟宣先生弟候

外竝命系一面

共和黨本部用牋

○○四

汤夫人左右：

别已旬日，思子为劳。前寄二书，计已收到。迟迟未复，存想无极，镜中对影，幸弗含啼也。不佞抵京七日，以外有谗慝，居常杜门。惟共和党势渐扩张，此为可熹。进步党诸佞人，亦日以衰退矣。吴淞战罢，浙军□北军，又不相能。闸北一带，得无骚扰？君平居何以自遣？围棋宜习，书史常翻。须一二十日后归来，视君文艺，又当刮目相看也。白露渐零，天气凉冽，龙须①早去，珍重自爱。

炳麟鞠躬

八（月）十七日（1913 年）

① 龙须：草名，这里指此草编的凉席。

湯夫人左右別已旬日思子為勞前寄二

書計已收到遲遲未復存想無極鏡中

對影幸弗含愧也不便抵家七日居外

有護衛居常杜門惟共和臺勢斷壞

張此為可慮進步臺諸使人亦日以衰

退矣吳淞戰罷斷軍彙北軍又不相能

閘北一帶得無騷擾　君平居何以自

共和黨本部用牋

遣圉茶室習書史常繕須一三十日後

歸來視　君文藝义當刮目相看也白

露漸零天氣涂冽龍須早去珍重負

愛炉麟鞠肜　八千六夜

共和黨本部用牋

23

汤夫人左右：

　　得十二日书。君但知京路崎岖，未知浙路更崎岖也。保皇余孽广布浙西，而军士亦惟以虏掠奸淫为目的。其所以折人者，不在杀戮之威，惟是狡猾无赖，侮人取胜，道途盘诘，即其一端。恐更有过于是者。来书云当往乌镇，鄙意决不赞成。愿更就严先生商之。

炳麟鞠躬

八（月）十八日（1913 年）

湯夫人左右得十二日書　君俚知京路崎嶇

未知浙路更崎嶇也保皇餘孽廣布浙

西而軍士亦惟居虜探姦注為目的其

所以折人者不在殺戮之威惟是狡猾無

賴侮人取勝適逢盤詰即其一端恐更

有過於是者　來書云當往烏鎮卻受凌

不贊成　頗更就嚴先生商之　炳麟鞠躬日 八十八

共和黨本部用牋

25

○○六

汤夫人左右：

抵京以后，连发四函，履成约也。来书惟十三日一件，后遂寂然，岂憔悴不能操觚耶？抑已归乌镇，未见吾书也？眷念既深，夜不成寐。得君片字，珍于拱璧，其有以报我矣。不佞在京安好，园林散步，不时出门，杂宾窥探虽多，一切拒绝。报章所载皆虚语也。君近阅何书？眠食安否？严先生家有《娱亲雅言》一书，小说之流，不失典则。其版若存，君当借观，以排闷也。书此敬问起居康健。

炳麟鞠躬

八（月）二十二日（1913年）

湯夫人居在抵京後連發四函屢戒

釣也來書悵十三一件後遂寂然蓋

惶悴不能操觚耶抑已歸烏鎮未

見吾書也眷念既深夜不成寐得

君片字珍于拱璧其有以報我矣不

佞在京安好園林散步不時出門雜

賓窺探雖多一切拒絕報章所載

共和黨本部用箋

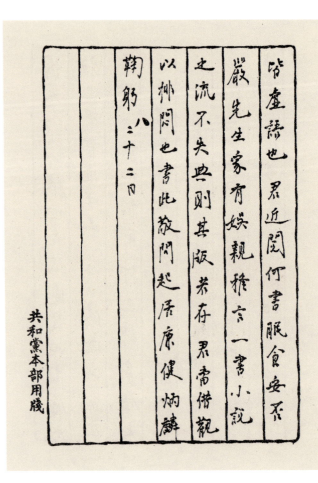

崝盧語也　君近閱何書　眠食安否

嚴先生家有娛親稚言一書小說

之流不失典則其版若存　君當借觀

以排悶也　書此敬問起居　原健　炳麟

鞠躬　八二十二日

共和黨本部用箋

○○七

汤夫人左右：

　　得书教以遇人和蔼，弗召众怨。何其相规之笃也。自入京师，杜门不出，知好来者时与对谈，未尝忤物。昔人云："小隐隐山林，大隐隐朝市。"颇亦似之。不佞虽无长德坐镇此方，连日议员入党者，已增三十人矣。骥老伏枥，志在千里，况吾犹未老耶！如必无成，则老莱偕隐，孟光赁春，亦从君之雅志也。报章詈语，不必深辩。从前报分数党，尚有价值。今则悉是政府机关，人所尽悉，又何足校，此等但以天师符观之可也。吾今阅报，但横视命令一过，新闻电报，既皆伪造，即弃置不观；而君又何必介于此乎？新凉，诸惟珍卫。

炳麟鞠躬

八（月）二十六日（1913年）

剑侯来信询及《大共和报》所述。今日报纸只是天师符，何以剑侯尚信其言？剑侯才气颇高，而轻信谣言，最为病根。如来书言冯国璋为五省经略，不知何所见而云然，大抵据报纸无根之电耳。今日可以不必看报。望转告。

湯夫人尚在得書慰以遇人和藹弗習

彩怒何其視規之篤也自入京師杜門

不出知妙察眷時喚對談未嘗許物

昔人云小隱隱山林大隱隱朝市頓

亦似之不侫雖無长德坐鎮此方庶

曰議員入壺者已得三十人矣驥老伏

櫪志在千里況吾猶未老即如必無

共和黨本部用牋

31

戒則老萊偕隱盡光債春亦從君之

雅志也報章非樂譽謗不必深辯從前報

分數盡尚有價值今則悉是政府機關

人所盡悉又何足校此等但已天師符

觀之可也乎近閱報但橫視命令一過新

聞電報院階偽造即棄置不親而

君又何必介介于此乎新淇諸惟珍衛

共和黨本部用牋

炳麟頓首　八　二十六日

劍庼來信詢及大共和報所述今日報

低祇是天師符何以劍庼而信其言

劍庼才氣頗高而輕信謠言最為憂

根如來書言馮國璋為五省經略不

知何階見兩六如大抵據報低無根之

電耳今日皆以不必香報望轉告

共和黨本部用牋

33

○○八

汤夫人左右：

　　晨得电报，已复电去。讫自十一日后发书六度，来函云已得其四，余二函近想续到也。来函六件，只得其三，第一即有小影者，是戎事纂严，邮递或有稽滞，所不可知。揭来人事纷纭，转变难测，共和党财可支柱，气亦未雄，况诲之谆谆，听者藐藐，则虽焦音瘏口①，犹不足以救乱扶衰也。所以同德相助者，乃知其不可而为之耳。不佞虽在风尘，周身之防亦密，比惟日览文史，聊以解忧。本欲速谋归计，离此尘嚣。然南北亦皆无净土，兵事未解，亦不容入此旋涡，是以却顾不行耳。"首如飞蓬，岂无膏沐？"②殷勤思慕，彼此同之。或欲劝君北来，鄙意亦无所拂，未知以为劳否？校事不就，家居闲寂，则移家北视，未始非宜。顷日溽暑渐消，精神当可恢复。弹棋咏风，以遣愁思，是所望于雅材也。临颍神驰，心如纠结。敬问起居万福。

炳麟鞠躬

九月二日（1913 年）

---

　①　焦音瘏口：形容说话多，费尽口舌。

　②　出自《国风·卫风·伯兮》，章太炎借此表达对汤国梨的思念之情。

湯夫人左右晨得電報已覆電去託自十一後[印]

發去六度來函云已得女四餘二函近想逡

到迎來函六件祇得其三第一即有小郵者

迎戎事篆嚴郵遞改有稽滯所不可知

竭來人事紛紜轉變難測共和黨財可攵

柱氣亦未雄況晦之諍諍諄者巍巍助

難匡吾磨巳獨不足救亂扶柬地所以同

共和黨本部用牋

德相助者乃知其不可而為之耳不使難在

風塵月身～防衛密比惟日晚文史聊以解

憂本欲速謀歸計離此塵際然南北永

皆無淨土兵事未解亦不容入山栖澗來

以卻顧不行耳首如飛蓬豈無膏沐啟

勤思蔡波此同之或欲勸君北來郤遠

亦無可排未知以為勢爭校事不就家

共和黨本部用牋

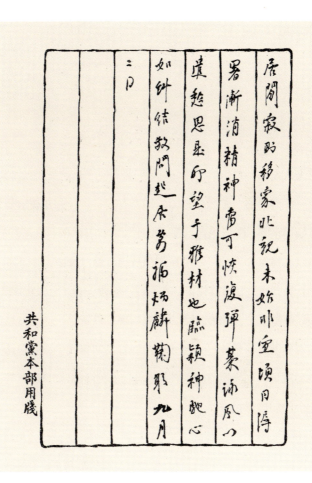

居閒寂趴移家北記未妨卟靈項日浔

暑漸消精神雷可快渡彈蒙詠風心

墳起思冀卯望于雅材也臨颖神趣心

如絲結敔門延庆笃扳炳麟鞠邪　九月

二月

○○九

汤夫人左右：

续得手书，并严公来函，知近有归省意，吾亦颇欲归耳。然栖迟京邸，瞪目相看，狐鼠不能加害，南行则不虞之事起矣。所以濡滞至今者，正以道途荆棘故也。飘风骤雨，逆计不能终朝，静以待之，自有休止。亦愿君宁心少俟也。日来仍服党参，暇即泛览文史。园有丛菊，时复周眺，以解烦忧。北方早寒，袷衣先着，南想故里，或尚着白纱耳。寒暑代更，宜自珍卫，少餐瓜果，勿当风偃寝；斗棋作字，以省愁思，是所至望。书此敬问起居万福。

炳麟鞠躬

九月五日（1913年）

湯夫人處右續得手書并嚴公來函知近有

歸省意亮亦頗欲歸耳然樓邊柰即曠日

相看狐鼠不能加雲南行則不虞之事起矣

所居濡滯至今者正以迷途荊棘故迎颶風

曬雨逆計不特終朝靜以待之月有休止亦

顧君宓心少俟也日來仍服童參叚即汎

覓文史園有叢菊時復周眺以解煩憂

共和黨本部用牋

39

北方早寒裌衣先著南緯叔且戍尚著

白紗耳寒暑代變寔有玠衛少餐店

果勿貪風隄寢闥蒙作字以省悉思是

所主望者此敬問起居善祝炳辭翔彤

九月五日

共和黨本部用牋

40

○○十

汤夫人左右：

时已中秋，归期未定。思萱草以解忧，当与君同斯悲郁也。省亲事想已成，太夫人①及哲弟②想并康乐。秋气凛冽，益当自卫。此间警备犹严，一切政论，无由发舒，选举、宪法诸大端，无非在军人掌握中耳。此虽有武夫桀骜，亦由议员太无骨干也。近又有人欲以孔教为国教，其名似顺，其心乃别有主张，吾甚非之。书此敬问起居万福。

炳麟鞠躬

九（月）十四日（1913年）

---

① 汤国梨之母。
② 汤仲棣，汤国梨之弟。

湯夫人左右時已中秋歸期未定思護

革以解憂當與界同斯憖彎也省親

事甫已成太夫人及挾弟想亦康樂

秋氣索別益當角衛此間警備猶嚴

一切政論無內發舒昼宵憲法諮方端

無耶在軍人掌握中耳此雖由武夫

榮鷲乎由議員太無骨幹也近又有

共和黨本部用牋

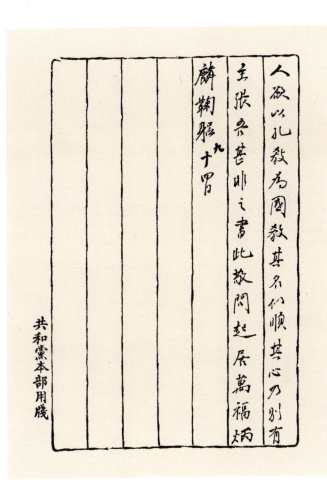

人欲以孔教為國教其名似順其心乃別有

主張豈非之書此教問起居萬福炳

麟鞠躬九十四

共和黨本部用箋

43

○十一

汤夫人左右：

被[①]九月六号书，知已安抵乌镇。前六度书已得其四，所幸小影未失，葆藏箧笥，如睹光仪，且喜且悲，亦何能已！北方正党情形，气已萧索，国会徒存形式，莫能自主，盖迫于军警之威，救死不暇，何论国事？前所逮捕议员，近闻已枪毙五人，神龙作醢，灵龟刳肠。吁！实吾生所未见也。不佞留滞燕都，心如鼎沸，虽杜门寡交，而守视者犹如故，且欲以蜚语中伤。行则速祸，处亦待毙。所以古人有沈渊蹈海，或遁入神仙者，皆是故也。如君思我，我亦思君，君有怀不遂，叹息如何？八月十五日夜，坐视明月，忧从中来。少顷月蚀，遂复辍观。今为八月十七日也，不睹广陵之潮、浙江之波，已数岁矣。烦忧

---

① 被：打开，如"微管仲，吾其被左衽矣。"

44

在胸，辗转反侧，亦知其无益也。朔气已凉，而我畏热，着两单衣已觉其可。袷衣尚有数件，当可支持。愿君珍重，心绪烦冤，书不成字。仰睹屋梁，以思颜色。[1] 纸笔所达，什不一二。

炳麟鞠躬

九月十八日（1913年）

太夫人及令弟妹皆请转候。

---

[1] 出自杜甫的《梦李白二首·其一》"落月满屋梁，犹凝照颜色"，借已形容对汤国梨的殷切思念。

湯夫人方在被九月六號書知已安抵烏鎮前

六度書山得其四所幸小影未失藏篋笥

如覩光儀且喜且悲亦何能已此方政事情形

氣山蕭索國會徒有形式冀得用主蓋追於

軍警之威殺死不暇何論閣事前所遠捕

議員近聞已槍斃五人神龍作醴靈龜剖

腸吁實吾生所未見也只使吾滯越鬱心

共和黨本部用牋

46

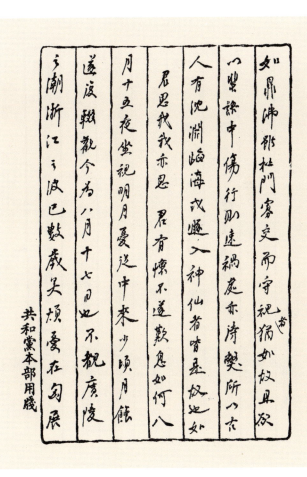

如鼎沸都杜門客定而守祝禍如奴具欲

以黨諫中傷行則遠禍庶亦清懟所以者

人有沈淵臨海戉縣入神仙者皆柔奴也如

君思我我亦思　君有懷不邃歎息如何八

月十五夜坐視明月憂送中來少須月餘

遂後戰歡今為八月十七日此不觀廣陵

之潮浙江之波已數歲矣頗愛在勾戾

共和黨本部用箋

47

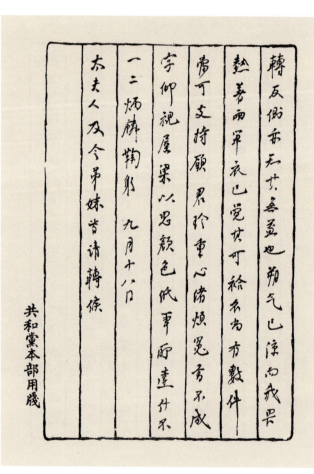

轉反側亦无其盍也　朔气已深而我异

熱著雨罩衣已覺其可袷名尚方數件

費可支持顧累珍重心渚煩覓秀不成

宇仰視屋梁以思顏色低軍廚達什不

一二炳麟鞠躬　九月十八日

太夫人及令弟妹皆請轉候

共和黨本部用牋

48

○十二

汤夫人左右：

得严公书，知君已自浙返。枳棘之地不可栖也。沪虽嚣尘，犹胜于浙。而吾亦离家一月有半矣。昨者，两次腾书皆寄乌镇，想未得见（来书六次，所得有四，小影已到，聊伴岑寂）。明月白露，光阴往来，^①谣琢絲兴，告归无日。若君思我，我亦思君。有悚不遂，如何如何？北方气候早凉，吾乃畏热，一著袷衣，便已解去，犹不至号寒也。在京终日杜门，诗以写愤。神经衰弱，不能多言。既羞与魑魅争光，亦愚者以养拙。城南南下洼地方百畝，素棺槥比，殆有万数，见者寒心，此皆戒严之效果也。南京战事既平，东衅又启，恐全国无安乐土。君之烦忧，

---

① 出自南北朝江淹的《别赋》，后一句为"与子之别，思心徘徊"。

49

当倍于我；我之跼蹐，又甚于君。苟天道与善，亦何惧焉？自非然者，则亦委心任运而已。勉自珍卫，勿作愁思。短歌八章，录供玩览。焚灼之余，不能成语也。

炳麟鞠躬

九月二十日（1913年）

短歌：

一

丹阳富钱帛，吴王头已白。

亚夫真将军，不知细柳屯。

二

华膏炳明烛，督护行传箭。

鸡鸣天欲曙，羞与良人见。

三

我居太行北，君在瀛海渚。

但得高屐人，我曹不活汝。

四

阊阖郁崔嵬，天门不可开。

水深泥滓浊，牛羊上山麓。

五

东封七十二，玉牒传人间。

不读西方书，安知舜禹贤？

六

我本魏王妾，嫁为汉昭仪。

绿衣藏金印，不敢怀邪奇。

七

天汉至南箕，相间三千里。

宁唊箕中糠，不食汉之鲤。

八

主人何所思，愿得丞相章。

筑室在水中，莲叶覆茄梁。

湯夫人處不得嚴公書知君已同浙返荊棘之地

不可樓也滬瀆頗塵囂勝于浙而吾亦歡豪一
（來書六次所得方四小割已到柳伴芳弟）

月香半失昨节雨次騰古苦寄鳥鎮弘未得見

明月白露光陰迕來謠諑每興答歸無日如

君思我我亦思君有懷不達如何如何此方氣

候早涼卒乃咢蓺一著裕不便已解去猶不止

鏡寒也在京終日杜門詩以寫懷神涇衰弱

共和黨本部用牋

52

不能多言既著實蹟魁軍光亦愿者之養抹城

南為下洼地方百政事根柳比殆有萬數見

芳寒心此皆戒嚴之效果也南京戰事既平

東響之敵恐全國無乗乗土君之煩憂甫倍于

我我之駒蹄又善于君為夫道奠善亦何懼焉

自卅此方即亦委心任運而已起有玠衙勿作憅思

短歌八章聊供玩覽燦灼之餘不辭威沒也炳鄰鞠邗

共和黨本部用箋九日二十日

短歌

丹陽宵錢帛　與王頭已向亞夫真將軍

不向細柳屯

華膏炳明燭　膏護行儔羞雞鳴矢欲曙

著與良人見

我庚太行北君在滄海湄但得高辰人我

曹不活汝

54

閶闔鬱嵳天門不可開水深泥淖濘牛

羊上山麓

東封七十二玉牒傳人間不讀西方吾安知

舜禹賢

我本魏王妾嫁為漢昭儀誅衣懷藏金印

不敢懷邪奇

天漢王南箕相閱三千里寧噬箕申

55

穑不食漢之鯉

主人何所思　願得丞相章　築堂在水中

蓮葉覆荔梁

共和黨本部用牋

○十三

汤夫人左右：

二十日寄一书，想已收到。心烦意乱，亟欲思归。而卫兵相守，戒严未销，出则死耳。迩者，检察厅又以语言之故，起而诉告（因病未去），亦政府使之也。吾处此正如荆棘，终日无生人意趣。共和党亦徒托清流，未能济事。剑侯之徒，不知人事险巇，人生忧患，屡电求助。嘻！我躬不阅，遑恤我后。彼但从一面着想，看事容易。岂于京师近状一概未闻。仆之境遇，豪末未知乎？程吉孚[1]意非不善，不知杨癖珊[2]即告密者也。皖北人无一可信。此乃吉孚所未知耳。严公欲来，亦恐蹈祸。戒严副司令陆建章吸烟成癖，因黎宗岳[3]告孙少侯吸烟，即逮捕

---

[1] 程吉孚，似章家仆人。

[2] 杨癖珊，似章家仆人。

[3] 黎宗岳（1876-1915），字嵩祝，名堃甫，安徽宿松人。早岁任职清内阁，得肃亲王赏识。后参与革命，民初任大通军政分府都督。民国四年（1915），在武汉集合同志，组织共和军，起兵讨袁，不幸监制炸弹失事而英年早逝。

欲杀之。凡云禁烟者，皆彼所欲杀者也。严公来亦遇祸。吾亦非严公所能救济。辗转思之，惟有自杀，负君深矣。然他人皆无可与谋，以疏阔者多，周密者寡耳。此书恐成永诀也。君得书不必与他人言，但往告君家蛰公^①，使知此事耳。蛰公计虑，较他人为周密，或能图谋于万一耳。

炳麟鞠躬

二十三日（1913 年）

---

① 蛰公，即汤寿潜（1856-1917），原名震，字蛰先，或写作蛰仙，浙江萧山人。早岁颖异，以文学见称，青年时即出任金华书院山长，后入山东巡抚张曜幕。光绪十六年（1890），著《危言》四卷，力主全面改革。十八年，中进士，入翰林院为庶吉士。逾两年，授安徽青阳知县。义和团战争时，游说张之洞、刘坤一，建议实现东南互保。三十一年（1905），领导抵制外国列强对苏杭甬铁路路权的侵占，任浙江全省铁路公司总理，负责全者铁路事宜。三十二年（1906），与张謇、郑孝胥等联合筹组"预备立宪公会"，任副会长。宣统元年（1909），任浙江谘议局议长，与汤化龙、张謇、谭延闿等发起组织联合会请愿。辛亥革命发生，被推举为浙江军政府都督。南京临时政府成立，被孙中山任命为交通部长。中华民国正式建立后，与章太炎合组统一党。

湯夫人左右。二十日寄一書。想已收到。心煩意

亂頗欲思歸。而衛兵相守。戒嚴未銷。出則

死耳。邇者檢察廳又以讒言之故。起（南第亦速）訴

告亦政府使之也。吾處此正如荊棘。終日無

生人之趣。此和堂亦速記清流。未時濟事。

齣戻之遠。不知人事。院墟人生憂患屢霎

求助。慊我躬不閱。遑恤我後。欲但送一面

共和黨本部用牋

筹划。凡事寒易兰王师近状一概未闻偻

之境逼家来未知乎。程吉子意亦不善不

知杨瘅栅即共密者也。皖北人无一可恃此乃

吉子所未知耳。严公双来亦恐随祸戒严

酌司令陆建章吸烟成瘅，乃藉宗狱共

孙少侯吸烟即逮捕欲杀之。凡云挚烟者皆

欲藉双杀耆地。严公来亦迟祸耆亦非严公

共和党本部用笺

60

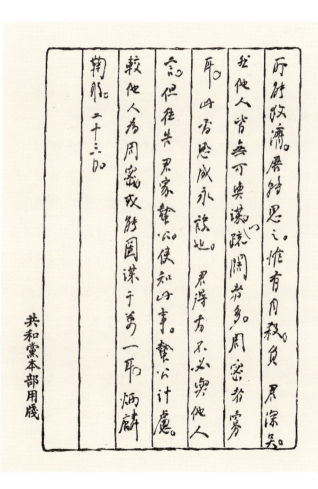

所以政滬。屢猶思之。惟有用殺負。君深矣。

恐他人皆無可與謀。疏闊者多。周密者寡

耳。此吾愚誠永諒地。君諒者不必與他人

言。但往共君家聲如使知此事。聲公計慮。

較他人為周密攻結圖謀于萬一所病辭

轉眼二十三加

共和黨本部用箋

○十四

汤夫人左右：

二十四日寄去一书，想已收到。比来戒严未解，尚有危机。委心任运，聊以卒岁，而胸中愤懑，终不能自胜也。愤慨既极，惟迎诗以自遣。有时翻阅医书，此为性之所喜，但行箧此种殊少耳。家中医籍尚多，务望保藏弗失。昔人云："不为良相，当为良医。"此亦吾之志也。蛰公已见遇否？其意为何？剑侯近遣顾某①送一书来，以顾系杭县人，杭县人难信，故不欲见之。剑侯交人，亦劝其慎密也。君起居何如？惟望珍卫，勿苦相忆。

炳麟鞠躬

九（月）二十八日（1913 年）

---

① 顾某，杭人。

湯夫人左右三十四日寄去一書想已收

到此來戒嚴未解尚有危機委心任

運聊以卒歲而胃中憤懣終不解

自勝也憤懣既極怵惕詩以自遣胃

時憤悶醫者此為性之疔善但行篋

此種殊少平素中醫藉為多務望

保藏毋失若人亦不為良梛帶為良

共和黨本部用牋

醫師亦吾之志也嘗以己見過不其意

六何釗晨近遠顧某送一書來八顧

係杭縣人杭縣人難信故不欲見之劍

係交人亦甚狀隱密也　君遷居何似

悵望珍攝勿苦相憶炳麟頓首三十八

共和黨本部用牋

○十五

汤夫人左右：

月杪连接两函，言之酸楚，令人心肝皆摧。嫌疑事亦诚有之。当今之时，苟夙隶革命党籍及开国有功者，自非变节效媚，无不在嫌疑中，非独吾一人也。然所以致此者，亦因旧时清誉，过于孙、黄，故其忌之益甚，殆非杀其身、败其名不已。都中豺狼之窟，既陷于此，欲出则难，纵驱委命无此耐心，故辄愤愤图自决耳。若剥极能复，则坐以待之也。鄂友在都者并谓君宜北来。昨电所以阻君者，以此地不可轻人也。所撰小词一首，辞旨悲凉，羁人为之凄绝。当悲忧交集，无可解慰之时，作韵语以写忧，聊足自免沈郁。譬之哀极欲哭者，哭出则哀渐解。不得哭，则哀弥甚。吾今颇作诗，藉之排遣，君亦宜知此意耳。秋气渐寒，千万珍重。

炳麟鞠躬

十月二日（1913 年）

65

湯夫人左右月抄速接雨閤言之酸楚令
人心肝皆摧嫌疑事亦誠有之當今之時
苟居辣華命壺籍及閒閻有功者有
非變一師致婿無不在嫌疑中卅州獨弔一
人也然所居致此脊亦因舊時清譽過于
孫黃敫艾恐之蓋甚琳卅殺其身敗其名
不已卻平豺狼之窟既臨于此欲求必脫

66

難縱驅委命無此耐心故輒憤憤圖自

決耳若和極時返則笑必詩之此邪友

在耶者亞謂君空此來昨電所以阻君

者以此地不可輕入地所撰小詞一首辭

旨悲涼羈人為之悽絕當悲憂交集三

可解慰之時作韵語以寫憂聊延月兒

沈鬱蟄此京極欲哭希哭出則京斷解

共和黨本部用箋

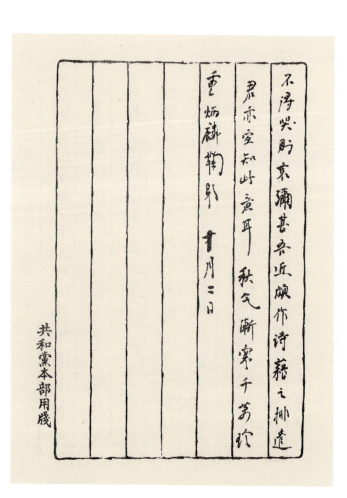

不得哭則哀彌甚矣近頗作詩藉之排遣

君亦深知此意耳　秋氣漸寒千萬珍

重　炳麟頓首　十月二日

共和黨本部用牋

68

○十六

汤夫人左右：

秋气萧索，浮云蔽光，京师冠盖之区，暗如幽谷，惟有终日杜门，自娱文史而已。戒严令日益酷厉，前以选举议长问题，逮捕议员八人，诬以通匪，至今未释。此皆孙毓筠[①]之谋也。共和党党员黎宗岳与毓筠有怨，毓筠诬共和党受李烈钧[②]济款三万，共和党指名控告。适有安徽商人控告孙毓箱私藏洋烟，闭门吸食，巡警往搜，孙将洋烟、烟具自墙掷出，反指控者为诬，

① 孙毓筠（1869-1924），原名多琪，字竹如，号少侯，又号夬庵，安徽寿州人。1906年东渡日本，加入同盟会。武昌起义后，任安徽都督。后任民国临时参议院议员、约法会议议长、参政院参政等，后参与发起筹安会，为"筹安会六君子"之一。

② 李烈钧（1882-1946），字侠如，号侠黄，江西九江人。早年追随孙中山参加革命，辛亥后任江西都督府参谋长、海陆军总司令、江西都督。1913年参与孙中山发起的"二次革命"，起兵讨袁，迅即失败，流亡日本。

而疑为黎①所嗾使，于是潜往戒严司令陆建章②处吸食。陆固孙之良友，而烟癖最深者也。孙与陆商，猝将黎宗岳捕去，又捕原告商人，急欲枪毙，未果，并欲捕巡警及检察官。豪横如此，真乃目无法纪。然以声名过劣，熊系内阁③亦不能提出孙名也。大抵北京当事者，皆二三无赖下流，内阁虽修饰名誉，而匡救之力甚少。近则军警又宣告两院九大罪，且欲逼迫宪法草案，延总统任其至七年，且许连任矣（原案任期六年，不得连任）。议员已全无力量，恐不能不受其威胁。共和党名为中流砥柱，人数既少，亦不能济此横流也。加以财政匮乏，保守不暇，沈

① 黎宗岳。

② 陆建章（1862-1918），字朗斋，安徽蒙城人。少年从军，甲午后随袁世凯训练新建陆军，为人圆滑，甚得袁世凯欣赏，入民国，任袁世凯总统府警卫军参谋官，后改任警卫军统领兼军政执法处处长。

③ 熊希龄内阁。熊希龄（1870-1937），字秉三，别号明志阁主人、双清居士，湖南凤凰人，祖籍江西丰城。十五岁中秀才，二十二岁中举，二十五岁中进士，点翰林，故有神童之誉。戊戌政变后遭革职，后为端方援引，充宪政出洋考察五大臣之参赞。入民国，曾任财政总长，民国二年任国务总理，阁僚有梁启超、张謇等。

剑侯欲令接济报馆，则登天之难矣。吾意亦欲离京，近尚扰攘，未能遂意。君宜葆爱躯体，重若千金。围棋书史，以解烦懑。相思不已，路远如何？书此敬问起居万福。

炳麟鞠躬

（十月）九日（1913年）

此函可兼示严先生。沈处①未复，宜以实情告之。

_____

① 沈定一。

湯夫人方在秋氣蕭索浮雲蔽光宗師冠

蓋之區闇如幽谷焙有鈐曰杜門自娛交史

而已戒嚴令曰蓋醋厲前以選舉議長問題

逮捕議員八人詆以通匪至今未釋此皆孫毓筠

之謀也共和黨黨員黎宇嶽本與毓筠有怨毓

筠誣共和黨受李烈鈞濟款三萬共和黨指名控

筠適有安徽商人控朱孫毓筠私藏洋煙閉門

共和黨本部用箋

吸食此警往搜、獲將洋烟烟具向牆擲出反指

撞者為謀、而誣為黎所嗾使、于是潛往戒嚴

司令陸建章處吸食陸固指之為友、而烟癖

最深者也孫與陸商、猝將黎宋嶽捕去又

捕原先商人急欲檢覔未果、狂欲捕此警友

檢索窟宅豪橫如此、真乃目無法紀矣、以聲名過廣

態象內閣亦不能提出孫名也、大抵北京當事者

共和黨本部用牋

皆二三無賴下流、內閣難修飾名譽而巨救之力

苦少近則軍警文宣卒兩院九大罪具欲亟迫塞

法草案延鴻沈任期至七年由許連任矣、原案任期六東京務集在

議員已全無力量恐不能不受其威脅 共和黨名為

中流砥柱人數既少亦不能濟此橫流也加以財政

匱乏休守不暇、沈劉急欲令接濟報館則登天之

難矣吾意亦欲離京近尚摟攬未能遽棄 君宜

共和黨本部用牋

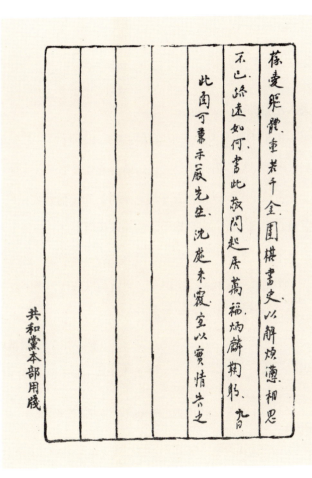

葆葰罷體重若千金圖棋書史以解煩邁相思

不已路遠如何書此敬問起居萬福炳麟頓首 九日

此圖可兼呈平威先生沈處末霞室以實情告之

共和黨本部用牋

○十七

汤夫人左右：

不得手书几半月，未识躯体安否？十一日发一电，想已收到。电望早复，信亦望早回也。前得家二兄书，云沈贵[1]往取银一百八十圆，以未得吾手笔，未付。昨已信致家兄[2]，嘱付三百六十圆。此间大事毕后，当涂以体面不好，亦甚不乐。四五日来，都中寂寞若无事然，然戒严仍未取消也。吾迈已御棉衣。昨者偶患风寒，今已略可。君近何以解忧？望即赐复，以慰饥渴。书此，即问起居万福。

炳麟鞠躬

（十月）十二（日）早（1913 年）

---

① 沈贵，章太炎家的仆人。据章说在北京期间与军警交通，很不受太炎信任。

② 太炎兄弟四人，"长殇，次篯嗣，清光绪戊子浙江乡试举人，嘉兴儒学训导。次篯，清光绪壬寅浙江乡试举人。次炳麟。"

湯夫人左右不得手書幾半月來讖躭膽
安否十一日發一電想已收到惟望早覆僞
亦望早回地蔚府家三兄書云沈燬注款
銀一百四十圓以來得鑫手單希付胙山
信故家兄爲付三百六十圓以閉大事
單以需瑵八辭而不好來甚不來四五日
來都中宗漢弟無事望从敢嚴仍未取消

共和黨本部用牋

77

也吾近山御輪示作书仍愿风寒今山略

可兄近何以解忧望即赐覆以慰饥渴

吉山即問趣店等扰炯群鞠躬十三早

78

○十八

汤夫人左右：

十二日得九号信（初十曾发一电，想已到），不胜欣慰。夫己氏[1]目的已达，而戒严犹未取消，盖亦别犹用意，以此归期未能克定也。新迁房屋如果可居，则甚善。移家时，吾所有书籍，一切皆望整理，弗令阙失，或凌乱无次为幸。此事想君初次为之，照顾周密，殊非容易，望勉为其难也。蛰公数常见否？海上早寒，勉自珍卫。

炳麟鞠躬

（十月）十四日（1913 年）

---

① 夫己氏，不愿明指某人，而对方实际上清楚是何人。《左传·文公十四年》："齐公子元不顺懿公之为政也，终不曰公，曰夫己氏。"杜预注："犹言某甲。"

湯夫人左右十七日得九號信不勝欣慰夫□民

囙□□連而戒猶未取消鑒亦別有用意

四妹歸期未能定也新遷房屋尚果可居

弟甚難移家时亲所有否籍一切當望整理

弗令關失戎渡亂无次為萆此事想君初

汉為之照顧周密亦易望尅為其耶

也鑒公數常見吞海上早寒勉自珍衛惆□□

共和黨本部用牋十番

○十九

汤夫人左右：

得十三日函，悲愤宛转，读之惨然。前书自言求死，乃悲愁过当之言。昔人云人生实难，其有不获死乎？吾亦非惧祸而为此言也。蛰居一室，都不自由，感激侘傺之余，情自中发，乃欲以此快意耳。内念夫人零丁之苦，外思蛰公劝戒之言，亦不能不抑情而止也。前者小恙，乃寒热迭薄所成，一宿出汗，病亦良已。君亦宜葆爱精神，勉力自卫。既赁马立司路房屋，移居时应稍注意，书籍勿散乱，器具勿遗失。初迁尤宜防盗也。报章喧传离婚之言，乃进步党人有意离间，此辈无赖成性，吾近亦不看报，苦劝同人亦不看报，盖报纸无一实情也（必不得已，北京有《顺天时报》略可看）。家资已罄，前已电致家兄取三百六十圆，昨得手书告急，今日又电催矣（迁居之处，尚

81

标其地址于旧居门外。不然，无送交处）。戒严令尚未取消，归未有期。追念昔人酤酒当炉之事，亦不可猝得。悲何如也！书此敬问起居万福。

炳麟鞠躬

（十月）十七日（1913 年）

湯夫人左右得十三日囪悲憤冤轉讀之慘

然前書有言求死乃悲愁過甚是言昔人云

人生實難豈有不獲死乎吾亦非憐禍而為

此言也藜庶一空都不自由感激佗傑之餘

情自中發乃欲以此愎意耳內念夫人棗丁

之苦外思蔡公勸戒之言亦不能不柳情而止

也前者小恙乃豪熱違薄所成一病出汗病

共和黨本部用箋

亦良已 果亦空葆愛精神勉力自衛跌貨

馬立司路房屋移住時應稍注意書籍勿

散亂然具勿遠失初還尤當防盜也報章勿

傳離婚土言乃進步當人育意離間此輩無

賴性成吾近亦不看苦勸同人亦不希報

盡報紙無一實情也 順天時報略可看 必不得已北京有 家資已罄前

已電致家兄取三百六十圓昨得手書甚忽今

共和黨本部用牋

遷居之處尚樸其地址干舊居門外不然無送交處

日又電催矢武嚴令萬未取銷歸未有期迫

念昔人酕陶當爐之事今亦不可猝得此何如

世書此敬問起居萬福　炳麟鞠躬　十七月

共和黨本部用牋

○二十

汤夫人左右:

近日想已迁居，书籍、器具无失否？仍望整理就绪。用款前已电致家兄，嘱致三百六十圆，如尚未收到，乃可往取。此间尚未解严，天气虽寒，吾尚能耐，但胸中壹郁，无可发抒尔。君迁居后，所望善自珍摄。苟天道无知，亦云已矣，委心任运，以守不赀之躯则幸甚。

炳麟鞠躬

十月二十一日（1913 年）

湯夫人左右 近日想已遷居 書籍想具無失

不仍望整理就緒 用款已電政家先籌款

三百六十圓 如為未到乃可注取 此間尚未□□

嚴天氣酷寒 為時耐但胸中壹鬱云可

發行爾 君遠居後 亦望善自珍攝 為至道

無知亦云已矣 委心任運 以爭不質之軀耶

李甚炳麟鞠躬 十月三十一日

共和黨本部用箋

二十一

汤夫人左右：

数日不得手书，想迁居事已毕矣（回信望将新迁寓址之门牌号开明，以后信函可不寄沈[1]转）。杭存三百六十圆已寄到否？如未寄到，可将吾信寄去，以作催促也。戒严未解，门卫亦未能撤，吾以一月后即当封河，恐欲归不得，往催撤兵，可作归计，而当涂甚不放心，大抵必欲逼令受官，留之京邸，此虽非心所愿，恐亦无可奈何，盖犹胜于虎豹守关也。成败祸福，本难豫知，今亦不得不隐忍待之。幸身体尚安，又颇能耐寒耳（去岁在京，觉天气甚寒，今年春，曾往东三省，故近日又觉京师和暖，盖南北比较而然也）。君当秋后，颇觉凉否？衣服宜温，弗冒风寒，是为至嘱。书此即问起居万福。

炳麟鞠躬

十月二十五日（1913 年）

---

① 沈定一。

回信竝
將新遷
寓址之
門牌說
數開明

湯夫人尚在數日不得手書甚遷延事山

舉矢杭存二百六十圓已寄到不如未寄

到可將寄作寄去以作催促位也戒嚴未解

門衛亦未竹撤兵以一月後即當封河矣

欲歸不得注催撤兵可作歸計而旁徨

甚不放心大抵必欲迅令受作留之京師

此郵中心而職玖无夢丁未何益猶勝于

虎豹守關也戍敗禍痕本難豫知今亦

不得不慎思慮之平身體尚安又頗鈍耐

寧耳（吾歲立京覺天气甚寒今年春雪

注東二夜叔近日又覺東師和暖蓋南北

比較如此也）君帝秋後頗覺涼尚不服空

溫布胃厝寒生為卫囑音如即門处辰

弟波炳麟鞠躬　十月二十五日

90

二十二

汤夫人左右：

　　得二十四日书，知尚未迁居，御棉后宜自保重，饮食温暖为要。迨迁居时仍弗令物件遗失、书籍散乱也。严公 [①] 信前已接到，以心绪恶劣，不暇作复。此间事如平常，惟躯体□健而已，书此敬问起居万福。

炳麟鞠躬

（十月）三十日（1913 年）

---

　　① 严滫宣。

湯夫人方右得二十四日書知者未遠店御報也

宣月保重飲食溫煖為要止遠是時如疾个

物件遠失言籍散出也嚴公作筆已揮和凹

心緒思為不嗷作寔山固事如平常州

姐姊祝侄回山吉山戰問起保黄府姆様姗郭

三十山

二十三

汤夫人左右:

　　得十月三十一日函,知病体稍复,甚慰。解严未成,撤兵无日,而困于一官,亦非余之始愿。今日所观察者,中国必亡,更无他说。余只欲避居世外,以作桃源,一切事皆不闻不问,于心始安耳。上海声气灵通,亦非安居之地,立意欲移家青岛,而彼中尚未听从也。观其所为,实非奸雄气象,乃腐败官僚之魁首耳。呜呼!苟遇曹孟德,虽为祢衡,亦何不愿?奈其人无孟德之能力何!奈其人无孟德之价值何!夫复何言?一切珍卫。

炳麟鞠躬

十一月四日（1913 年）

湯矢人左右浮十月三十一日晋知病

體籍後甚慈解嚴未成撤兵無日

而圍于一官並非余之好願今日所望

者中國必亡更無他說余祇欲避隱世

外一作桃源□一切事皆不聞不問

于心始為耳上海聲气重迫無聊亦

居之地立意欲移家青島而俄中為

未聰滋迎觀其而為實小奸排氣

象乃腐敗宵僚之流首爾嗚呼

為區曹直德職為補衡亦何不顧

李某人無直德之錢力何李某人無

立德之價值何支後何官一助於

蔚炳倂翔身　十一月四日

共和黨本部用箋

二十四

汤夫人左右:

　　得五日书,知躯体甚安,迁居在即,尚望留意。北方天气虽寒,而此间有友人为给裘服,不须再寄。近因解散国民党议员,都下人情惶乱。闻湖南所杀革命党,皆非此次创独立者,而即辛亥举义之人也。诚如是,则吾辈安有生路?前与军政处一函,彼亦不能自主。重以近日变故烦多,彼何肯为一人谋乎?友人或劝讲学,迎君前来,吾意无可奈何,或作是计,纵令死别,犹愈生离也。唯君图之。别作书一纸,君见之当如见我。此问起居万福。

炳麟鞠躬

十一月八日(1913年)

湯夫人左右顷刻立日書知駕體甚劳

遷居在即為望馮意此方天气雖

寒而山間有友人為治衣服不須再

寧近日解放國民會議多都下人

情煌乱闻湖南所殺革命黨诮

那此次夠独立省而即辛亥峯義

之人也诚如昰劲吾輩寄有生将哥

共和黨本部用牋

吳軍政處一面波亦不能兼主重以
近日變故煩多波倩用為一人謀平
友人双勸溝學迎君蔚來與意無
可柰何故作是計縱令死別猶愈
生離也唯君圖之別作一紙君見
之當如見我此開匙以為福炳麟

辛郎　十一月八日

吾儕可作此折

共和黨本部用箋

二十五

汤夫人左右：

十四日接信并棉衣等物。近日不甚觉寒。前与袁[1]、陆[2]相商，欲往青岛，彼尚不舍。今日与陆强要，方得撤兵，吾亦约不他往。京师本无味，然已淹留于此，不可背信，且当以讲学自娱，君亦可来京相伴（前者同人劝接君来，吾未允者，以兵未撤，不欲令同受围也。今已无事，即可来矣）。此间寻房极易，共和党亦可暂住。海道恐已难行，可由津浦入都也。此问起居万福。

炳麟鞠躬

（十一月）十八日（1913年）

如来即发一电。

---

① 袁世凯。
② 陆建章。

湯夫人左右 十四日接作芋鮮來事

物近日不甚覺寒芋雲來隆和商

欲注秀邑波亦不捨今日與陸訪要

方滬擬兵亦約不他佳京师平無來

此乙滬雁于山不可皆作丗帝以講学

自姝尼亦可来幸相伴（芋为同人勤

接君來芋来久者以兵来擬不救今同

共和黨本部用牋

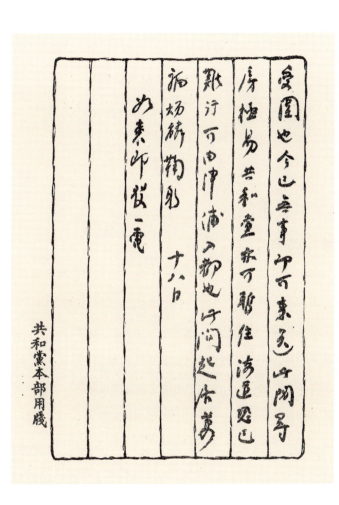

愛國也今ハ云々 ヿ可承及） 四ヶ月モ

房州モ 共和黨本部可耳住 候且又已

那行可申伊浦ノ郡也 ヿ開起本事

桃坊候得共 十八日

如東邦發一電

共和黨本部用箋

二十六

汤夫人左右：

　　十八日上一书，想已收悉。后得手书云"前赴青岛乃召祸之谋，不知何人出此主意"，此语不然。吾一切皆由自己主张，以京城污秽，上海狂乱，故欲移家青岛，与君终老耳。上海人眼光如豆，无论爱我忘我，其识见皆卑卑，无一语可听也。但今日此议已销，已用激烈手段要求撤兵，亦被彼要盟暂不离京。然犬羊窟宅，居之终觉不安。君能来伴则来矣。千万珍重。

炳麟鞠躬

（十一月）廿一日（1913年）

湯夫人左右十八日上二電想已收悉後得手

電云二弟赴青島乃昌桃之妹不知何人出此主

意一此語不然吾一切皆由自己主張以京城

污穢上海狂亂故欲移家青島實君所亦

耳上海人眼光如豆無論處我忘我共識見

當畢恐一諾百聽也但今日此議已鈴曾已

用激盈手段要求撤兵亦被拒要盟暫不

共和黨本部用箋

103

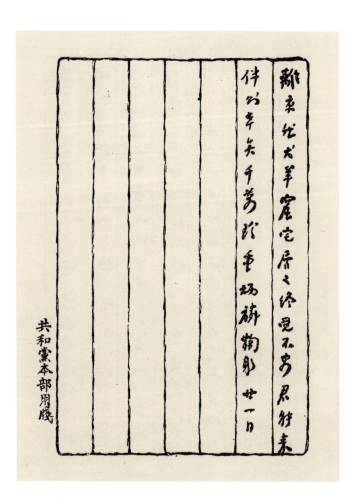

二十七

汤夫人左右：

得廿二日书，具悉。撤兵以后，袁棍^①仍不放行，口作甘言，以倚仗人才为辞，吾致书力斥之。昨日欲行，陆建章部下叩头请留。遇软颇难用硬，仍限三日答复。君试拭目观之，吾必有以制鳄鱼也。

炳麟鞠躬

（十一月）廿五（日）（1913 年）

上海人短见，其言不可听。

---

① 袁世凯。

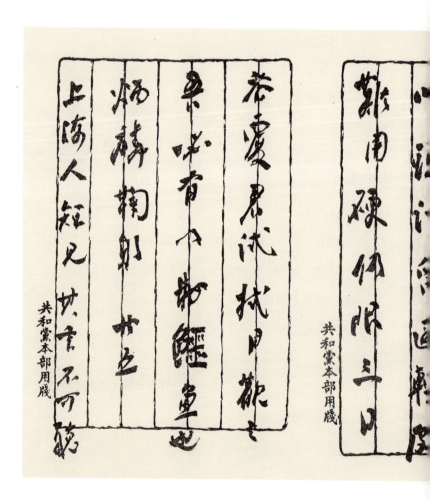

共和黨本部用牋

共和黨本部用牋

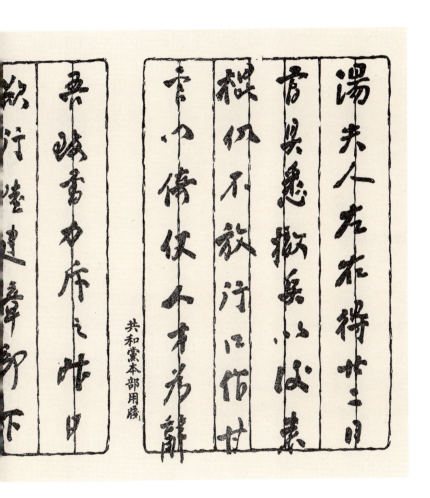

湯夫人左右得廿三日

官吳怨撤兵以恢素

樓仍不敢行以佋廿

雲以僑伏人才為難

共和黨本部用牋

吾峻書中所之廿日

歉行陸建章即下

二十八

汤夫人左右：

不得手书，或近旬日矣。天气益寒，起居何似？北地常用煤，炉中含毒性，吾甚厌之；木炭又颇难得。君立南，亦宜以厚服自卫，不足则燃木炭，切不可用煤以自伤也。近数日来，出入稍可自由，而出京之望终不可骤得。有一二都督入京，亦复同困。同人劝以讲学自娱，聊复听之，然亦未尝不招当涂之忌也。若并此不为，则了无生趣矣。此问起居万福。

炳麟鞠躬

（十二月）初七（日）（1913年）

湯芄人處衣不得手書甚逗回

日來六气益寒此處何似此地

常明螺鏡中金盡性吾甚厭之

木厌大颐靴得君立為亦宜以

厚奴須新不亚助犹未次物

不可用螺以肩傷必逗數日來

出入仍可同由助出来之望洛

109

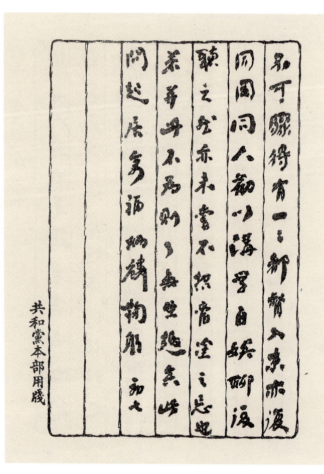

名可驟得有一二新黨入東亦復

同國同人勸以謀另自妍醜後

頤之公亦未嘗不熟審詳之急也

茶葉丹不再別入無生處矣此

同起居多派鄰磚物船　弘之

共和黨本部用牋

110

二十九

汤夫人左右：

得初七日书，知君近甚寂寥，吾非不欲南归，治装数次，军警皆长跪相留。虽厉声诃叱，责以《约法》明条，彼亦俯首顺受，而攀留如故也。观此用意，若遂南行，必遭暗杀，所以濡滞不前耳。国史事本由彼中前来运动，既而畏作谤书，彼意遂阻，于是有第二书之语，告以国史所谤者，皆有价值。人若无价值，人虽谤，亦不足传后也。近以讲学自娱，昨已开学，到者约百人。此事既与文化有关，亦免彼中之忌。俟一月后，君定当北来。京师秽浊，乃在官僚，至于杜门闭居，文史自乐，亦何秽浊之有？古诗云："远道不可思，宿昔梦见之。梦见在我旁，忽觉在他乡。"念至此，岂独我思君，君亦宜思我也，何必忍于生离耶？愿审决之。此问起居万福。

炳麟鞠躬

十二月十日（1913 年）

111

湯夫人名書陽初七日書知君近

甚寂寞吾亦不欲為歸次紫歟次

軍警甚長跑相偶雖屢聲訂此責人

釣法明條波亦便首順受而攀留少救

迎歡此用委若遂南計必遭暗殺而已

濡滯不前耳國史事本由波中藥來

運動既而吳作陽書波竟遂卹于必有

共和黨本部用牋
二

第二書之語共以國史研論者甚有價值

八著吾儕位人粗諳亦不生傳後也近月

講學自然味已開學到者約八九事

陝與文化有關亦免放中之恩侯一月

後居定書北來京師穢濁乃至冥塞至

于枚門閥居文史月樂亦何楓濁之有

古詩云達道不可思痛昔夢見之夢見

113

立我前忽觉在他鄉　念至此豈獨我

里君君亦空里我也　何必忍于生離耶

顧竊念之峙間迱屋夢柄烬麟鞠躬

十二月十日

共和黨本部用箋

○三十

汤夫人左右:

岁寒雪虐，又烧炭矣。知君在南同此后凋之志，眠食能如常否？系念之至。吾今且以讲学自娱，每晚必开会两点。黎公①入都，乃被诱胁而行。君读《屈原传》，有楚怀王故事，正复似之。余辈亦不能往见也。咫尺之地尚如秦越，与君南北相暌，悲可知矣。兰艾数日未了，度岁以后，终望君来此况味。京师地虽秽浊，勿并秽浊吾也。此问起居万福。

炳麟鞠躬

（十二月）十五日（1913年）

堂上及弟妹皆吉。

---

① 黎元洪。

湯夫人十又歲寒雪虐又燒炭矣如君

在南同此後淵出志眠食能如常否念

念之至矣今且以講學自娛每晚必開

會兩點黎公入辦乃被諉齊而行君

讀屈原傳育楚懷王故事正復偃也余

單亦不能往見也此足之地而如秦越矣

君南北相隔滕悲可知矣萄蕲數日未

共和黨本部用牋

116

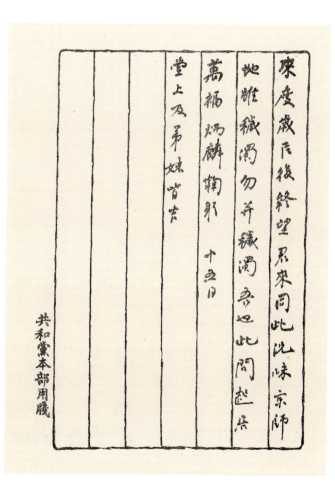

117

三十一

汤夫人左右：

　　得十九日书，欣甚。岁且更始，寒气迫人，知君围炉尚无温暖。余扗此亦徒见雪虐风饕也。来岁果能相就，不胜跂望。都下狐鼠成群，吾之所在，亦不敢犯。讲学之事，聊以解忧。资用稍绌，北方学子恐亦未必能大就也。书此敬问起居万福。

炳麟鞠躬

长至日（1913 年 12 月 22 日）

湯夫人左右得十九日書欣甚歲且更

始寒氣逼人如君圍鑪尚無溫煖余

雖此亦徒見雪虐風饕也來歲果能相

就不勝跂望郡下於嚴威寒吞此所

程亦不敢犯講學之事聊可解憂資

同補綴北方學子恐亦未必能大就也

書此欹閒起素蕭福炳麟・鞠躬　長沙月

119

三十二

汤夫人左右：

明日即除夕矣，孤栖穷朔，岁寒迫人，念君在南，同此悲愤，惟愿慎节饮食，厚御裘衣，以待春和，期与君握手也。资用有无匮乏？仆役听指挥否？近闻季刚①贫极，至于典衣，知其穷困而不能救，此子亦常到吾家否？湖北刘禹生②为吾旧友，近亦携眷归南，暇日想当来望，一切细情，刘君皆能言之也。何时聚首，跂于望之。书此敬问起居万福。

炳麟鞠躬

（十二月）三十日（1913 年）

---

① 季刚，黄侃（1886-1935），初名乔鼐，后更名为乔馨，又改名为侃，字季刚，又字季子，晚年自号量守居士，湖北蕲春人。章门大弟子，精通音韵训诂，开启现代学术诸多法门，惜去世太早，著述太少。

② 刘禹生（1876-1953），本名问尧，字禹生，笔名壮夫、汉公、刘汉，湖北武昌人，生于广东番禺，先后入两湖书院、自强学堂。后留学日美，兼任《大同日报》总编辑。民初任参议院参议员，"二次革命"起，遭袁世凯通缉，被迫流亡。著有《世载堂杂忆》《洪宪记事诗》等。

湯夫人左右明日即除夕吳孫樓寶訓

歲寒迫人念君在南同此愀愴惟願慎

節飲食厚御寒衣以待春和姻安

君握手此資用有無匯兑僕沒能聽

指揮不近聞柔剛貧輕至于典衣知

共窘困而不能救此十亦常到吳家不測

此際眾生為兄藝及近亦獨養婦弟

共和黨本部用牋

121

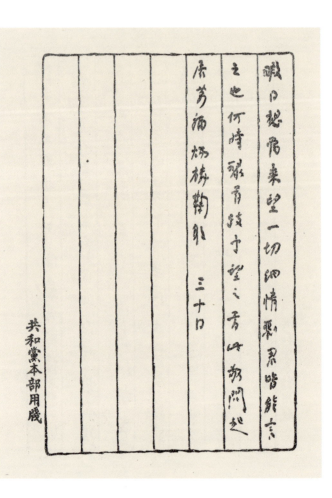

三十三

汤夫人左右：

得信知因事奔走，致于触伤，感君之诚，不胜悲楚。吾在京亦无他事，而彼坚不放行，虽称撤兵，其耳目侦探布于都城也。昨有蔡庆全[1]来见，系吾旧时属吏，云口至上海，与君相见。此辈不过受政府嘱托来作奸细。以后有托不旧友故交者，请勿复见之。京师事状近益离奇，总理熊希龄以偷窃热河皇宫宝器为清内务府世续[2]所控告，语出"其父杀人，其子必且行劫"。今竟信然。吾辈乃与鹿豕同居，真愤愤也。天寒少火，勉自珍卫。

炳麟鞠躬

（十二月）三十一日（1913年）

---

① 蔡庆全，大约章太炎东北筹边时的部下。

② 世续（1852-1921），字伯轩，索勒豁金氏，隶满洲正黄旗，历任内务府大臣、军机大臣等。

陽夫人方在浮停知固可幸走歟

予兩傷感君之誠不勝悲楚兵在

乗亦無他事而故壘不故仍邪静撤兵

妨勇目頃探希于瑯城之畔市荣慶金

乗見傍兵舊叶屬夫后丽山上海樂兄相

見此些單不逼兮故雨屬化乗作蚝纲心

泌市化不蕉友放支希請勿復見之衆

共和黨本部用牋

师事状近逼离奇澳迤逶希龄心俯

瘵熱河重睿寶罢为清而杨府世愦而

控告济亦甚父杀人焚十必血行劫令竟信

弩弇华乃与庶务同昼真怀上地头寥少

义魁自称衛　杨麟勒卟　三十一四

共和黨本部用牋

125

三十四

汤夫人左右：

吾自一月三日欲行，火车失期，黎公①留之三日。至七日前，向袁氏②辞行，知其不舍，欲面见与言。在承宣处候至七八点钟，袁氏忽派宪兵、警察十余人前来相逼，挟至军事教练处安置。与彼业已破面，惟有以死拒之。而黎公忽受彼运动（黎公本长者，竭力调护，但不免受人之忌），令陈绍唐、何雯③前往上海接君来京，盖以家室在北，则无南行之虑。前者吾亦欲以是销其疑忌，今则不复念此矣。陈、何二人，皆招摇撞骗之徒，乘人之危，冀以自利，油嘴造谣，以黑为白。此次南来，必受政府财贿可知。如果欲面谒，即当严拒弗见。彼辈无策，则必

---

① 黎公，黎元洪。

② 袁氏，袁世凯。

③ 陈绍唐、何雯，黎元洪身边小人物，很不被章太炎瞧得上。

请刘禺生、黄季刚转说，二君亦多过计，其言不尽可听也。处事有疑，只当请教蛰仙先生。今日公正人，惟有此公；细密人，亦惟有此公，其余皆不足道也。家居穷迫，宁向亲朋借贷，下至乞食为生，亦当安之，断不受彼嘑蹴之食。陈、何辈若以钱来接济，尤当严厉拒之。如君高尚之性，洁白之心，必有以副我雅志也。死寿无曰，魂梦相见。

炳麟鞠躬

（一月）十二日（1914年）

外附与蛰仙先生书一函（再，此中情节，君不妨直作一函与黎公道破其情，书径寄瀛台可也）。

127

湯夫人為不吾肯一月三日欲行火車失期黎公留之

三日至七日為向袁氏解行知其不指放面見與言在水

宜慶候至七八薪種袁氏忿派寗奰琴十餘人前來相

逼挾出軍事教練慶奇罢寗波舉山破面排者八孔抡
（黎公本為寗病口調遣似乎見客人之忿）

之方黎公忿受誹遣動令陳伯庚何雯而往上海提昉

未京蓋以家宜在此的每南行之處荷节吾未欲似未鉚

共甈之今为石候念此夨陳作二人肯扳提插渦之捷

东人之危冀以月打油嘴造誑以里為自山次南来必受

政府財賦可知女來雨泗仰需賑拯弟兄被逮無策防

必請影爲生黃季歐特說二君來多過計其言不盡可聽也

處事皆能祇書請殷薺仙先生今日以正人惟有以公佃

家人奇怖有此公世俗古不足道也家居家追穿向祝姻借

貸下至毛食爲生赤實多之斷不肯欲嘵嘵之食陳何堪羞

以錢來接濟恐廠扺之如君高尚之性潔白之心必有以副我报

志也死害無日魂夢相兄　炳麟顿

外財奕聲仙先生吾兄一笑

十三日

（再此中情卽君不妨直作一函寄寄亦還成

如惜吾面寄瀛臺可也）

三十五

汤夫人左右：

得二十日手书，悲愤欲绝。余在此已二星期，不见天日。左右更无他人，亦无启口笑谈之事，抑郁已极。共和党人曩日以人为标竿，及临患难，无相救相恤之情，偶请一人来语，必隔二三日始到，若自来，则无此事也。憎我者既排挤不遗余力，而爱我者亦唯淡泊相遭，人情浮薄，乃至于是。有生之乐既尽，厌世之心遂生，唯有趣入死地耳。观君来书，殆未知幽囚之苦，不知此时更苦于下狱也（狱中尚有同囚者，此则唯有一人）。牛衣相从，若有王章之妻，[①] 今殆有甚于是者。语云："毂则异室，死则同穴。"此其时也。如欲人都相见，亦聊自慰（但不可与党人报馆同来，须就汤公□安人耳）。不然，君当赴日本，或往南洋，为他日复仇地耳。临纸愤悒，夫复何言？

炳麟鞠躬

正月二十四日（1914 年）

---

① 取自典故"牛衣对泣"，典出《汉书·王章传》，王章妻贤，一路陪同王章进京赶考、共守贫穷。

130

湯夫人左右得二十日書悲憤歎絶朶
立于山三星期不見又日足右更去他人亦
去戲口笑談之事柳營山極共和曇人
異日以人為樵竿及臨患鄉无翔叔和婭
之情怳悵一人来諍水限二三日始到者
自東沿无山事也憤我書陡州橋不遠

131

錐刀而奪我者亦惟淡泊相遇人情淳

漓乃至千余年有生之樂殆盡厭世之心

遂生惟有趣入瓦地耳觀尼采秀始未

知此間之異不知此时更苦于下獄此中

也有囫囵善母　牛衣相泣苦有五章之妻今

位惟有一人

於市善于藝者諺云藝彩異室死站同穴

此　其對也为欲一都枞见亦聊自慰（但不可與壺人報館人同来。玖％謌湯公）

不若吾省趁日本戌往南洋为他日復

仇地耳　临泷愴愴夫復何言　炳麟頓那

正月二十四日

三十六

汤夫人左右：

　　二十四日寄去一书，想已收悉。今日又接二十三日来信，彼处已为收拾房屋，作久留计，固非所愿，然不从亦不得出劫质之所。君果能来，可以免其疑虑。欲救侧□，亦舍此无术也。待事一定后，吾当派人迎君，或君处自择妥人同行皆可。先此布达，余候后述。

炳麟鞠躬

（一月）二十六日（1914 年）

湯夫人左右 三十四日寄書 一書想已收悉
今日又接二十三日来信 彼處已處收拾
房屋作久留計 固所願也 然不遇病不
渾宋掛懷之耳 君果能来 可以免其憂
慮 欲改憫疑不會此無所也 清事 定
以兵當派人迎君 故君處月費
同時皆可先此布 达餘俟汕速姊辭
柳郎
二十六日

三十七

汤夫人左右：

得三十日书，君以一女子，乃能忼慨坚卓如是，且喜且悲也。迩来都中举措益复暗无天日。友人有川边经略尹昌衡[1]者，转战塞外二千余里，辛苦备尝，蛮夷慑服，政府忌其多功，阴令四川都督及赵尔丰[2]余党上书告之，遂囚之陆军部，以待审判，并有人请为赵尔丰立专祠矣。荒谬至此，夫何言哉？余与此君同系而分在两地，虽欲为楚囚对泣，尚不能也。惟余事与尹君

---

[1] 尹昌衡（1884-1953），原名昌仪，字硕权，号太昭，别号止园，四川彭县人。早年入四川武备学堂，后留学日本。武昌起义后，任大汉四川军政府军事部长。民国元年任四川都督。稍后领兵西征，平定康藏叛乱，改任川边经略使。后被诱骗至北京以"亏空公款"处以九年徒刑。

[2] 赵尔丰（1845-1911），字季和，祖籍襄平（辽宁辽阳），盛京将军赵尔巽之弟，追随锡良长时期处理川藏事务，并接替锡良代理四川总督。武昌起义后，被大汉军政府都督尹昌衡抓住处死。

异者，为在政府主意专以威暴加之，而不以法律相折。彼既以马贼自处，则吾独稍幸于尹君也。劫迫在此，或一月矣。友人常来相视，尚不过一二人。此外则惟日本人为登报不平，高举人或偶来瞻顾。吾人志节，为外人所崇重，而不见国人为之愤懑。盖雷霆万钧之势压之使然也。同功一体之人，一时俱尽，上者戮辱，次者逋逃，下者亦淹滞耳。人生至此，亦焉得不求死地？使彼能以白刃相加，所欣慕也。彼意乃欲縶维之，挫折之，而不令一死以召谤议，此其可恨者耳。收拾房舍，乃黎公主意。黎公本煦煦为仁，性如老妪，最得意者，乃为家庭之乐，不欲人室家仳离，其中亦有诚意存焉。但今之黎公，亦笼中物耳，其意半出至诚，半受运动，吾固不能听其指挥，亦不能不虚与委蛇也。所以刚柔迭用者，正以是故。幸而得出，欲令从俗浮沉，优游卒岁，自度有所未能。若借君以为要挟，吾侪志已坚定，亦自有所不受耳（偕老之愿难知，同死之心犹在，幸弗见弃也）。君之举止仍望请教蛰公。蛰公之言，宜刚不宜柔

137

（南洋新加坡有希路士的立商会长林秉祥①者，乃吾辈旧同志也。彼处皆光复会人，于余最倾心崇拜，亦多崇拜蛰公。林君本由余介绍入共和党，去岁被宪兵围守，南洋华侨皆不平，曾电致黎公。黎时未知实状，亦不措意。今望蛰公发电与之，使华侨鸣不平于政府，乃为上策）。盖政府以吾孤立，故蹂躏无所忌惮，欲求解围之策，乃在舆论可畏耳。沈贵②已无庸来京。待君行止定后，再作计划也。书此即问起居。

炳麟鞠躬

二月二日（1914年）

此书望转示蛰公。

---

① 林秉祥（1873-1944），福建龙海人，父为新加坡富商，林秉祥继承家业，更创建轮船公司，独执东南亚国际航运业之牛耳，更有工厂、矿山、胶园、银行诸多产业，曾任新加坡中华总商会会长，与章太炎关系不错。

② 章家仆人，章太炎后来不太信任，指责其与警匪交通。

陽夫人左亦將二十日吉君以一女子乃餘忱慢堅

卑以表丑美其賤也盧東郡中寧措蓋渡踏無

天日在八有川連經晚尹前衡皆將戰雲小二千餘

里乎吾備官寵爽懍服政府忘貴多功陰令四川

卿腎及趙爾世經雲上吾告之遂四之陸軍卻以

待富判并市人請為趙爾世五多祠矣荒深此山

夫何吾識余與世君同聲而分吏兩地雖破為楼同對

江为不幼也快全事與尹君與告功在政府王彦曲八

威暴加之而不入沛神相折如欧以马饿月处此吾猖

藉年于尸君也劫迫左此我一月夹友人常集相积书

不过二三人此外姑州日本人为涉郡不平寄容人或何

来瞭敝吾人志师为外人所宣重而不见同人为之

愤懑蓝露万钓之势压之使怒也同功一跻之人

一时俱来上书敦劝改苇遁逃下苟希渍滞平人

生此北亦喜浮不求死地使波结以向尸相加而欣慕

也波震意乃欧警从之控折之而不令一死以召谤议

此事可恩省耳　收拾居舍乃黎公之主意黎公本�、

為仁性以英姬最浮查者乃為豪庭之桌不欲人室家、

似報史中亦有誠意個今之零仁亦罷中枷耳英意丰

水至誠丰後運動吾固不修顥史拾揮亦不納不虛

宴委蛇也所以酬来逸用者正八末故举平浮出放今役

依浮沈優游辛歲自度有行丰知暴藉尽八為委挟喪

儔志已竪定亦未有行不妥耳　尽之睾此仍望清閟敬堂公

顰公之言重附不宣來（南洋新加城有希賢士的立商

（係若之敬錄如同民公記燭立幸年見寄意）

141

丹林先生

会芳观兵举万同志也 诚恳言先後会八 于拳匪倾心崇拜求

多拳拜瓒公 林君本由全介绍入共和室于咸 被窜吴图宫

南洋华侨为不平 甘愿败乱心 黎公黎时来去 自非不措意

今望瓒公从速奥之 使举侨唱不平于政府乃为上 至黎政府

以兵恐立 以诛满无所是悔 欲求解围立举 乃互爱论可畏

耳 沈表立考虑秉承 供君行止 定欤再作计划也 青

即问起居 炳林钧鉴

山东坚持 子瓒公

二月二日

142

三十八

汤夫人左右:

得初九日书，谓彼中始将诱之，终徐图之，乃可以免谤议。何其深于料事？盖受蛰公之教，善于推察物情矣。吾亦未尝不计及此。非忧愤勃兴，无人解慰，故思君良切耳。二十日，吴炳湘[①]迁我于龙泉寺，身无长物，不名一钱，仆役饮食，皆制于彼。除出入自由外，与拘禁亦无异趣，下床畏蛇食畏药，至此乃实现其事矣。大抵吾辈对于当涂，始终强硬，不欲与之委蛇也。而赔偿损害，实彼所当行，吾所当要求者。考文苑等名目，但避去赔偿损害之名词耳（今则但以索赔为言，不言考文苑矣，盖破面之后，意态自殊也）。来书言宗旨不定，此盖误听报纸

---

① 吴炳湘（1874-1930），安徽合肥人，早岁追随袁世凯，任山东巡警道。入民国，任京师警察厅总监、总统府秘密侦探处主任等。

之言。夫有所乞怜于人，欲有所要求于人，其事既异，其情亦殊。若吾辈今日忽欲受彼官佐，营求禄仕，此诚为宗旨不定矣。今所要求者，非此之谓也。彼既违背约法，制人迁居，在京一日，彼即当赔偿损害一日，焉能放弃权利而任彼恣睢也。况京师友人既少，无可假贷，仆役之徒，惟视财物，此而不得，则自为彼作眼目矣。画箠行牧，不足以驱一羊，谁能忍此终古也（有钱则侦探还为我用，无钱则仆役皆为彼用，今日事势如此）！得十七日书云："决计不来，竭力为图归计。"诚能达到目的，岂不甚善！但观彼中猜忌之情，惟此一端，最为注意，有何善策而能成就耶？蛰公思想周密，恐亦无法。国务院中人物，虽有与蛰公深交者，但当涂不愿人说好话，伴食诸公，惟有鞠躬俯首耳，亦安敢出一言宜撄乳虎乎？吾今思之，惟有一策，则求解于南洋华侨也。当涂顾盼自雄 ①，谓天下莫予毒，而有一

① 顾盼自雄：寓意得意忘形，自以为了不起，出自《宋书·范晔传》"跃马顾盼，自以为一世三雄"。

弱点存焉，最畏外国人，次畏南洋华侨耳（一畏其与孙①、黄②相联，二畏其不肯捐款）。林秉祥辈，本有意兴办实业，欲吾往与其事。今计惟请蛰公速函达林秉祥，属其致电政府为鸣不平，且以办理实业相属，政府固必不见听，而因是必不敢加害，亦可稍予以活动。此步成后，再求第二步耳。今者厨夫牧圉，皆可以坐制主人，不求外济，更有何法乎？其余想尽方法，皆是空言，不为实用也。愿将此理切实告知蛰公。春气渐和，善自珍摄。

炳麟鞠躬

（二月）二十一日（1914 年）

此信除示蛰公外，切弗示他人。蛰公阅后即焚之。

---

① 孙中山。
② 黄兴。

渴夫人左右，浮动各方，谓波中始特诱之，终冷固之力

可以免商议，何其深于料事，盖受鲍公之教，善于推察

物情矣。吾亦未尝不计及此，惟爱愤动奥，无人解座权

思甚方切耳。二十日共炳湘逗我于龙泉寺，身无长物，

不多一钱，侵没饮食。昔荆于波际出入自由而外，要构梦乎，亦

毋虽趣下肺果蛇食果菜。至此乃实现其事矣。大概亲

半對于香溢。始终羿硬不欲與之妄然如户赔偿撰寄寅

低，而厉知吾所香，要求者考文，究夺名月但庭去赔偿

損害之名詞耳。來書言宗旨不定，此蓋誤聽狐狸之（今日但以掌握為言，不言其文英之嚐城西之代，其甚自殊也）言。夫有所乞憐于人，與有所要求于人，其事雖異，其情無殊。若吾輩今日思欲受政府位營求祿仕，此誠為宗旨不定矣。今所要求者，非此之謂也。政府違背約法制人還居京一日，政府即當然償損害一日焉。附設豪橫私而任彼遂離也。況京師友人頗少，無可假貸。僕從之後，非視財物，此乃不得為自為，彼作服用矣。（有錢則僕從屬我為我用，無錢則僕從當為彼用。今日事勢如此）盡變行裝，不足以支一月，冰我忍此終古也。得十七日來示，還計不來，謂刀

三十九

汤夫人左右：

清明日一书具悉。吾自二月十七日迁龙泉寺，仍被长褂[1]
巡警监视，信亦不能寄去，因是默默耳。近惟以数册破书消遣，
而数见不鲜，亦颇厌倦矣。身体无恙，惟一人独处，思虑恒多，
夜至两点钟后方能熟眠，有时竟至天亮，早起则在两点前后矣。
卫生之道，至此全乖[2]。平素虽尝学佛坐禅，思虑掉举之时，
却又无用。迩来万念俱灰，而学问转有进步。盖非得力于看书，
乃得力于思想耳。幸得苟全，此事终不能放过。次则平生所好，

---

① "褂"原作"裇"，据文意改。
② 乖：背离、放弃。

又在医学。君亦尝涉猎及此，愿同注意。家中颇有医书二三十部，皆宋、明精本，数年探求，远及日本而后得之，望为我保持也。昔人云："不为良相，当为良医。"吾视陆宣公固亦无任，而功业略可相比，困穷亦与之同。勉思此公乃吾浙江前辈，心□慕之矣。君近日身体安否？幸勿愁烦，死生离合，委之于天，亦不得已也。此问起居万福。

炳麟鞠躬

四月初九日（1914年）

意家中颇有醋意三十都首宋明精本
数年搜求远及日本京沈游望为我保
持地譬人不为意相亲为京丽各就陆
宣石固亦无住云内掌略可相此固家亦奥同
处忍此公乃考断江苏辈心易蓁失忍近
日身軿衰尽幸四懋枢瓦生疑合委于天
亦不洋止处此问处唐苇洫炳赫辅氓

四月卅九

渴夫人左不清明日一番具憊某月三刃十七日

遷龍泉寺仍被長褪此鷙監視信亦不能寄

右因先默默耳近怖尼數毋破書消遣尚

數見不鮮亦頻厭倦尖身瞥無慈州一人獨

處思慮恆多夜且雨弥鐘此方紳轍眠否

时竟且天亮早起幻至雨疏荷水矣滿生之

逆也山全飛平来雜書学佛坐禪足慶捱

寧之时初又用通束芻念供友而学問得

有進步益必浮力于希晉乃浮力于忍趣

○四十

汤夫人左右：

不通函件几四旬。以吾憔悴，知君亦无生人之趣也。幽居数月，隐忧少寐，饮食仆役之费，素皆自给，不欲受人馍养，今遂不名一钱，延至六月，则槁饿而死矣。亦不欲从人告贷，及求家中寄资。盖如劳瘵之人不可饮以人参上药，使缠绵患若不速脱离也。呜呼！夫复何言。知君存念，今寄故衣，以为记志，观之亦如对我耳。斯衣制于日本，昔始与同人提倡大义，召日本缝人为之。日本衣皆有圆规标章，遂标汉字，今十年矣。念其与我同更患难，常藏之箧笥以为纪念。吾虽陨毙，魂魄当在斯衣也。亡后，尚有书籍遗稿皆在京师（中有自写诗一册，又自定文稿，皆在箧中，去岁得范文正遗卷，未必是真，亦在箱内）。君幸能北来一抚，庶不至与云烟俱散。自度平生志愿未遂，惟薄宦两年，未尝妄取非分，犹可无疚神明耳。先公[①]及太夫人[②]墓在钱塘留下邨九条沙，自更患难东鼠峿夷，达家墓者八岁矣。辛亥旋归，半岁中抵杭三次，则皆以尘事迫促，又未及躬自展省（家次兄[③]宅中，亦祇一宿耳），达离茔兆遂十一年。今岁八月四日，则先公九十生辰也，自去岁初春已拟及时未营佛事，以抒永怀。今遂不得果愿。君于是日当为我谒祭墓前，感且不朽。吾生二十三岁而孤愤疾东胡，绝意考试，故得研精学术，忝为人师，中间遭离祸难，辛苦亦已至矣。不死于清廷购捕之时，而死于民国告成之后，又何言哉！吾死以后，中夏文化亦亡矣。

① 先公，指太炎之父章濬，字轮香，又字楞香，廪生，生平长于医，为人治病辄效，暇则以诗自娱。

② 太夫人，指太炎之母，浙江海盐朱有虔之女。朱有虔之祖父朱兰馨为乾隆时进士，官至吏部稽勋司员外郎；父朱锦琮，历任皖赣鲁诸省知县知府，潜心汉学，著述甚多。朱有虔为庠生，著述也多，为太炎最早的蒙师，课读四年，稍知经训。

③ 家次兄，指章篯（1865-？），字仲铭，浙江余杭人，清光绪壬寅浙江乡试举人，曾任中学教员，浙江印铸局编纂，浙江图书馆监理、代馆长等。

153

家本寡资，谂君孤苦，能勤修自业，观览佛经以自慰藉，此亦君之所能，而尊舅氏毅臣先生^①之遗教也（吾在日本曾购小字藏经一部，今书籍及藏经并寄哈同花园^②黄中央^③处,可以往取。惟《瑜伽师地论》在家，此书百卷，精微奥博不可复加，观之益人智慧）。长老如蛰仙先生，至戚如龚未生^④，皆宜引为自辅。此二君者，死生之际，必不负人，其余可信者鲜矣。北仆亦宜黜去，此辈只知势利，主穷则无所不为也（韩镇^⑤在京间，

---

① 毅臣，汤国梨之舅氏。

② 哈同（1851-1931），犹太商人，1873 年来上海，供职洋行，十几年后担任法租界公董局董事、工部局董事。1901 年创办哈同洋行，专营房地产，在开发南京路时获得巨大成功。三年后，斥巨资在静安寺购地三百余亩兴建上海当时最大的私家花园爱俪园，又名哈同花园。园内创办有仓圣明智大学，王国维、罗振玉等文化名流，都是哈同花园之常客。

③ 黄中央，即黄宗仰（1865-1921），俗名黄浩舜，别号乌目山僧，笔名黄中央，江苏苏州人。1880 年出家，1901 年首哈同夫人罗迦陵聘请设计建造爱俪园，并在此讲授佛经。翌年，与蔡元培、章太炎等联合发起中国教育会，又成立爱国学社，也曾受到《苏报》案的牵连。

④ 龚未生，即龚宝铨。

⑤ 韩镇，章家仆人，似有劣迹。

154

其窃吾书籍、衣服，为同人所追得。若来上海，速即逐之）。言尽于斯，临颖悲愤。

炳麟鞠躬

五月二十二日（1914 年）

附上在京在家书籍清单及自著各种在内，亦间有不及者。书籍则惟择精善者言之。君可偕未生料理。自著多有未编成者，其当弃者亦有十分之二，未生当能与同门商榷也。

湯夫人左右不通商仲幾四旬后吾惟悴知君乘生

人之趣幽居數月隱憂少寐飲食俱沒之費素貧自恨不慾

受人餼養今遂不及一餐延至六月則槁餓而死矣吾恐人參上

人失贊及乐家中守資蓋如搗摩之人不可飲店人參上

棄使纏解遠苦不逮脫報也為厚夫復何言知君相念

今寄故亦盡吾记誌觀之亦必對我耳斯亦案于日本

昔始與同人相侶大義君日本鋒人為之日本亦嘗有圖規

稗章遂標漢字今十年矣念其實我同覺患難零藏之

屢向吾為纪念吾耿暇覬説晚書立斯亦也亡以寄有

吾籍遠豪留主京師

甲寅八月寫诗一冊又定文荛东甞主匜中
七歲滇池范文匜遠老未必遂奠开壬袖内

君

年幼此来一挫庄不孟與室愈保救自度平生志乘未逐

悵荷官兩年未嘗安取邪分猶可無疾神明年先必及

太夫人蓋五錢塘弱下邪九徐沙自愛速死來羈絏夫

遽家著考八歲矣辛亥祖歸半歲中托枕三次及賷

唐中迎他又來及那月展有 達珠瑩北逐十一

年今歲八月罰幼先公九十生辰地間去歲初奉已挺及時

為蓺佛事以持永慕今遂不得果顧君子蓋日需為我酒

挲蔡哥戚且不朽吾生二十三歲而孤憤疾東朝德竟發試

故浮研精學術奉為人師中聞遭亂禍難辛苦赤山

正矢不死於清共購捕之時而死於民國去歲之沈又行言

我等死以後中夏文化亦亡矣家本寒素德君既苦解約

俸內業歡覽佛經八月歸籍山亦足乙所勃而尊蜀氏

敦尼先生之送耻也

乙巳月日本所購小字藏經一部今乞籍以藏往吳旁不暇

同光園資中央欲盡可一注兩題宋瑜伽師地論上家西方

可走籍徹與陰不可復加

　　長老紫仙先生至誠如藝未生當引以

犯之益人自愧

自輔師二君者死生之際必不負人甘從可代者解矣此懷亦空

辭慎立志開哭竟吾吾翰

默去此畢祇知勢利主宗即矣所不為也　　永祇為同人所退得若未土

　　附上在東在家秀籍清單及月著眾種在內永閣方不及書

　　書啟籍勿旅擇史精善書言之見可備未生料理月著多頁未

　　汝垂印　吾愛于斷臨穎怦怦橋隸彭郡　五月二十三日

　　盜之

編戊者廿當章者去年十分之二　未生禽殊與同門　高邦也

四十一

汤夫人左右：

槁饿半月，仅食四餐，而竟不能就毙。盖情想不断，虽绝食亦无死法。十六日，由彼处医生前来关说，即于是夕出龙泉寺，现寓东四牌楼本司胡同铁如意轩医院。医生徐姓[1]，即为关说者也。客来可以自由，亦无警察监视。目下正在物色房屋。当

---

[1] 据徐一士《章炳麟被羁北京轶事杂记》，徐医生为官医院长，京师警察总监吴炳湘亲信，曾奉命出据一报告，证明章太炎患病，龙泉寺与其病体不相宜，应迁地疗养，即移居东城本司胡同徐的寓所中。

159

道疑忌，亦渐解释，惟尚难豁然耳。友人相助，以李柱中①、钱念劬②为最力，二君皆劝接眷以坚当事之心。吾意与君久别，聚首无期，亦亟望来京同处。人事变迁，今非昔比，当不至有诈欺事也。前得来书，知太夫人患风未愈，吾亦自诊脉息，验之身世，深恐命不久长，大抵迟则十年，速则五岁，则无此身矣。是君与我聚首之期短，而奉养堂上之日长也。忧郁之余，猜嫌得释，或可优游卒岁，日与君文史相乐，得保余年，则不幸中之大幸耳！京师虽眇浊之区，或有学子数人朝夕谈咏，君

① 李柱中，即李燮和（1873-1927），字柱中，号铁仙，湖南安化人。早岁求学得识黄兴、刘揆一等，自此投身革命，创办"黄汉会"，以为华兴会外围组织，明确反对满清，恢复黄帝、汉人的荣光。先后与谭人凤等一起组织多次起义。后活动重心转向南洋，成为光复会在南洋的重要领导者之一。武昌起义后，推动沪宁光复，是上海地区主要的革命领导人。后与杨度发起成立筹安会，鼓吹帝制重建。但在章太炎被幽禁时，李柱中多次前往探望，并与钱恂等相互配合，为章太炎获释、自由上下奔走。

② 钱念劬，即钱恂（1853-1927），字念劬，浙江吴兴人。薛福成得意门生，张之洞重要幕僚，钱玄同父异母之兄长。初，任湖北留日学生监督，后携小脚夫人单士厘出使荷兰、意大利等国，夫妇均著有旅行记，影响巨大。

默^①、坚士^②辈，亦将迎眷，君来不忧无伴也。今属朱逖先^③前来迎致，愿弗淹滞。逖先乃学生中最老成者，前在日本招两女东来，亦由逖先携致，途中照料，可以无忧。尔后家通之理，聪之于天，种瓜灌菜，亦可以为生耳。蛰公、未生恐尚未知内容虚实，如听逖先口语，自可知之也。书此敬问起居万福。

炳麟鞠躬

（六月）廿六日（1914 年）

---

① 君默，即沈尹默（1883-1971），原名君默，后改尹默，号君墨，别号鬼谷子，浙江湖州人，生于陕西。早年留学日本，曾听过章太炎的课。后任北京大学、辅仁大学教授，《新青年》编委，与兄长沈士远、弟沈兼士合称"北大三沈"，民初即以书法享誉文坛，与于右任等齐名。

② 坚士，即沈兼士（1887-1949），沈尹默之弟，浙江湖州人，生于陕西，名坚士。1905 年东渡日本，拜章太炎门下。后任北京大学、辅仁大学等校教授，与其兄沈士远、沈尹默合称"北大三沈"。沈兼士在新诗、汉语音韵、训诂等领域，贡献卓著。

③ 朱逖先，即朱希祖（1879-1944），字逖先，又作迪先、遏先，浙江海盐人。1905 年入日本早稻田大学专攻史学，并随章太炎研读《说文》，为太炎门下大弟子之一。入民国，为教育部起草国语注音字母方案，后受聘北大为教授，先后兼任中文系、历史系主任，著有《中国史学通论》等。

启行程式：

一、北仆二人，沈贵①、韩镇②切不可用（前信已言之）。速在上海遣去（可荐则荐诸他人，切弗带来）。惟长庚③可以偕来（火车搬运自可雇人，不须仆从）。

二、衣箱、铁床、医书、佛书、自著书、花瓶、瓷玉诸器，可自火车带来，其余书籍、木器，悉由轮船运致（书籍存哈同花园者，可就取回）。

三、天时溽暑，途中宜带仁丹，并购半夏泄心汤三剂备用（此方药料问尊舅告吉□先生自知）。

四、家中必有负欠债项，一时未能筹还，念勖言能任之。

---

① 章家仆人，不被太炎信任。
② 章家仆人，不被太炎信任。
③ 长庚，章家仆人，似乎得太炎信任。

162

湯夫人尚在稿餓半月饍食四繁而竟不能就斃

蓋情起不斷那絕食亦無死冾十五日由波處需

生若注開況即于來夕出能來寺訊寄□□□

胡院
□做沙竟斬醫院需生陸姓印為開說者此宗來

可八自南亦走琴窑祝月下正立物色厚底帚道

疑忌亦斷解釋州為郭然兒耳友人枏助八李

桎中假念沙為骰刀二君肯欲援青一摩乎事之心

吴嘉吳吳久刘郭吾吕期亦平望來京月麐八事

变迁今世苦此常不也有诈欺事也前游来者知本

夫人惠历未态吾否自诊账息验之身世深恐命不

久代大抵迁约十年速约五岁约三此月矢丑君实

升群君之期短而奉养堂上三月长也爱赞之往猶婢

得释改可俊游辛岁日实君文史相来得保俗年

公不幸中之大幸耳京师邪职满之匹年有学子

数人朝夕谈沴居贤坚士半亦待迎春君来不复无

伴也今属朱邀先尚来迎政欲弗淹滞邀之乃

学生中斌考成希留主日本拟而女秉秉亦由遥先摘

政望中理科可以去憂雨必窮迫之迟聪之于天程

心漠莱亦可以为生耳　謦公未生恐为未知内窄虚

寅慶跪煥先以语月可知之也　青岩教閱茭唐芳詁炉

斛菊私

廿六日

啟行程式

一北僱二人沈喜韓儉切不可用 遠在上海遺去

一可勞外募諸他 燈尖座可以借來 人切勿帶來

一木箱織抹醫書佛衣月藥菁花瓶後玉諸至可內火車 帶來其餘書籍宜惡由輪船運致

一天時海卷塗中宜帶个丹并难牛羊洗滌心陽工弱備

用此方藥料問喬等

一家中为市負久俵項一時未辦等還 交幼官剢往元

四十二

汤夫人左右：

　　知逊先三十到沪，君意尚有迟回。借名杀人之术，诚不无可虑，以去年各报造谣作根也。但将此情说破，则虽有谋而不敢行。君若不来，彼中疑虑反不能豁然也。凡事以利害相较，看到七分即当进行；若想到十分，则终无其法耳。房舍已看定钱粮胡同一宅，月租五十三圆。气宇高爽，而稍带旧色，略为修整，数日间可了矣。总之，君宜比较利害，从长进行，但半年资粮，不可不须为筹集，不筹则为彼所挟制。未生来函所云月筹五十圆者，杯水车薪，未能有济，此议可以作罢。京师物价昂贵，一月需用，必在二百圆以外，加以买书、便饭之费，总须四百圆左右（无此则郁郁不乐）。当先用未生、柱中（李燮和）出名电致南洋（爪哇商人，未生所知，新加坡希路士的立老商会旧事林秉祥，亦吾所招致。吾于南洋信用未衰，告急

167

必有所助），筹得二万圆，则可足三年之费；不能，则就至戚密友中筹借三千，亦足半年之费。谋定而行，万无一失也。

炳麟鞠躬

（七月）初四日（1914年）

此信但令末生、蛰仙、逖先知之，勿示旁人。回信不须经蛰公。

陽夫人在不知還先三十里滬君等尚布運回

借居教人主游滅不無可慮口去年奈報逃謠

作根地但將此情說破勾張看謀而不敢行

思美不來假中接處反不能寂妥如凡事以發官

相校看約七分即當進行參想約十萬約須差共

汗丑一屏舍山希定錢糧初同一屯月租二十三

國氣宇寬爽而猶帶春色略為修整數日間可

丁失德之思室比校和索従長進行但半年資

169

糧不可不預為籌集不籌則為波男而誤新未

生某囹而云月等五十圓者杯水車薪未解有隱

此議可一作罷辛師物價昂貴一月需用至少

不圓以外如以買書使餉之費便須四五元無論矣

需先用先生程中 季雯和未不電故內洋

食甚素枻兼祥未要而不故兵于南洋 籌得二萬圓約可延三年

信用未某些急此彼而助 △佳商人未生所知新

之費不好約就 豆威友中籌借三千永延半年之費謀食

亦計萬委一先也 堪篤翊劇 雨窗

五〇

四十三

汤夫人左右：

逖先来，得手书。初谓秋凉即来，及审函中语气，似尚踌躇。且谓医院可安，无庸租赁房屋，不胜骇异。此由南、北隔阂，未睹实情，故尔曩日所疑一节，今从各处采访似可无虑。当事意中，不过以家室相安，则人无他志。即吾辈亦未尝不思完聚也。医院尚有暗中侦探者，亦以君未北来耳。审观情事，非三五年决不能出京，近闻有人相劝，上书陈情，此可谓暗于事情矣。当事忌我，岂在一身，所惧在蛟龙得云雨耳。彼视南方为革命党聚会之所，岂肯轻相纵遣，故上书请解禁者，彼之所许；而上书请出京者，正彼之所深忌也。为此无益，徒招悔尤耳。半年以来，钱念劬、李柱中数为辗转关说，副总统[1]亦

---

[1] 黎元洪。

为陈情，而终未有其效。自出龙泉以来，此数公者从旁维持、调护尤力，而彼中终未涣然冰释，则知友人尽力奔走，不如君之一来也。此理易明，无待迟疑。君默，坚士皆当携眷来京，君届时可与同行，以免途中乏人照料。在京用款，黎、李皆允为筹划，前因事难猝就，故属君通电南洋，备半岁资粮而后入京。若急速不及，则家中存旧银行款项不妨尽取入都（此时一年期将满）。南洋所筹，蛰公、未生，皆可代收耳。房屋亦决意租赁，以医院湫隘[①]，非读书之地，亦不欲依人为活也。吾之在此，屋则待赁，寒则需衣，资用器械，皆在南方，岂得空为庋阁而不尽数以相供乎？书此即问起居万福。

炳麟鞠躬

（七月）十五日（1914年）

---

① 湫隘：狭小低洼。

172

湯夫人左右 遂先來沪手書 初謂秋凉即束裝及審

函中渝氣依尚遲緩且謂醫院可为奇席租賃房

屋不勝骸異此由南北隔閡未覩實情故爾畧目而

慮一切即今往奥處采訪僅可無虞當事固中不過一家室

相為約人妄他志即吾此举亦未嘗不足宪聚处醫院为

市暗中偵探亦一君未北事罕審歡情事非三五年

決不辦出來近閒有人相勸上海陳谱此可謂睹于事情

矣當事忘於三一身所懼主慈龙詩求雨于 祝南

方為革命聚會之所望胃藉相從盧权上書請解摯者

汲汲而許而上書請小率者正波之所深忌也為此無益後找

悔尤平年一來錢念劝季桂中數為懼得阴役阿德後

亦為陳請而終未方其致月出訖泉以來此數公者從勞尔持

調護尤力而诚中終未陕尔水群勋如友人努力奔走不少

君之一耆也此保易明無诗遲楚君欺學士者素擒春來

亲君遍訪可與同行以免途中乏人照料在京同欺黎李

昔文為壽畫葥因李歌群就叔屬君連電南洋備率

174

嚴資難再收入亲美无遗不及於家中州著依行款

項不好盡取卫卸此时一年、南洋所等鞋公未生省不代

收耳屑尾京陳查復祖八醫院滌隆咖谈書之地亦不

啟依人為活之吾之立此屈於持債寒於需求資用不械

吾立南方芸浮空為度關二不差對八相供手香此即問

起店芳掃炳靜判形　十五日

四十四

汤夫人左右:

十六日接得写真,感思弥甚。以函中不见只字,忧愤随之。是以复书词稍激楚。顷得未生来函,知君神气颓丧,对人战栗,此盖积思所致,闻之益为凄恻。而据谢女士言,君来志已定,期以阴历八月。闻之转慰。愿存精神,省思虑,以养天和,如期北来,欢晤以还,忧郁当自散也。前据来书知太夫人[①]病势有瘳,不胜慰藉。及得未生来函,又云病势尚剧,悬念之至。吾意风气周痹,本非一日可瘥,古治风者方中,皆用川乌,盖穿筋透骨,非此不可。今人徒用行血活络之法,迂缓不能及病。吾向时在京,有友人母遇痹疾,痛楚难以终日,医皆不效,因令用温白丸试之,半月痛果止。若病情果剧,此方可用(家有

---

① 太夫人,汤国梨之母。

176

《外台秘要》一书，可检得此方，亟和丸服之，服不可多，须依书中所制）。如已稍轻，尚难屈伸坐起，当用乌头丸治。

（略炮）川乌头（九钱）、全当归（九钱）、细辛（九钱）、薏苡仁（一两八钱）四味，蜜丸，日服一钱五分，酒下更好，可服一月。

此方亦用之数效，而较温白丸为和平，兼可常服。若徒用活血套方，甚无益也。君既劳于侍疾，医药当早注意（川乌名似峻厉，炮制为丸，全无所碍）。服后如觉泛泛麻痹，如久坐手足麻刺状者，则知其病渐去也。又未生函述，君言书籍先托谢女士带上，今书单已致未生矣。谢来时，当先请未生一检家书付之其裘衣等件，可带则带，不可带待君亲自携致为善。德日衅开，津浦路断然解后固当不久耳。书此敬问痊安。

炳麟鞠躬

（七月）二十一日（1914年）

渴夫人左右十六日接得窆真感思彌甚以南中

不見復字憂懷隨之兹以震言詞稱澈逮吩得

未生素囿知君神氣竦衰對人戰慄此益積思

所致聞之益為悵惻而揚洲女士言尽來志心

定期八除歷八月間之翰慰顧存精神省思處

以奉天和如朔北來歡喜以還愛鬱怖自欺也尚

孫妻吉知太夫人病躰有瘵不勝慰藉及痒末

生來閏又云病躰為劇懸念之巳爰憂閣筆周瘴

本非一日可痊　古法腹痛者　方中皆用川烏　益當審慎

逢骨非此不可　今人法用行血活絡之法　近後不

然及病兵向时　左手有友人幸遇痹疾痛甚期

一作日醫館不致因今用溫白丸試之　半月痛果止

此稍輕難屆仲笙起　皆用烏頭太治

茇病情果劇此方可用　家有外臺秘要一書可檢得此方必　和此服之服不可多　经体查甲而治

制过
川烏頭　八錢　全當歸　八錢　细辛　八錢　薏苡仁　一兩八錢

四味蜜丸日服一錢五分　酒下更好　下服一月

此方亦用之數效尤較溫角尤為和平可常服

希注用清立奔方甚無益也君既勞注于仲疾醫藥

常早注意 服汎如覺注注麻癍为久

坐手足麻和狀者均不艾病漸々也又未生內咏

君言古籍先記謝女士蒙上艸 岐未生又謝矣

时肯先話未生一梳家方付之其素示等件可常肘

常不可帶清君就日揚炏為善陸日瘳閒津浦涂

断出解涂周病不久可吞呼敉悶座为 炏解鞠外二十日

四十五

汤夫人左右：

十五日曾致一书劝行，十九日得十七日函，知有入都之意，此事亦宜从速。沈尹默、坚士正接家眷入都，当与偕行，则有伴侣也。今租得东城钱粮胡同一屋，赁资五十三圆。尚觉宽裕，略加修治，今日即可迁居。此次出龙泉时，李柱中助资，钱念劬助力，而其力不能直接进言于当事（黄晦闻移书可，威力则更薄）。警厅尚存挟制之心，中间三四十日由钱、李往见黎公。黎公亦素有感情，援助之心甚切。前因身在忌中，不能从井相救。近则嫌疑颇解，遂直接与当事言之，今之解释内由。黎公担任而外，则念劬间接。惟眷属未来，终未筹出正名的款，无名则仍带数分要挟，此人都所以不可不速，所赁之宅房屋甚宽，器具、书籍尽可安置。而银行存款终须携来，以备不时之需。其余如何筹措，皆与未生商量可也。今之所虑，不在陷害而在穷乏（黎公特为区画外，则直接与念劬交，然未能常定。君来则一切皆定），与前日情势大殊。严公疑虑太深，盖由未审事变耳。来信所谓上书者，行之无益，徒以招疑。吾与念劬交游十余年，知之甚深（颇带老气，而朋友交情甚挚），柱中则同时倡义之人，最为朴诚悃愊。黎公虽新交，而性情亦与柱中相似，其敬贤慕善，亦当世所稀有。三君在此，何患不能保任？惟入都一行，非三君所能口诺，事则在我与君耳。人生岂久处一乡，二三日之程途未甚劳乏，而实事示信坚于三君之口说，亦何惮而不为也？此问起居万福。

炳麟鞠躬

（约 1914 年 7 月）

前人参已收到。

此信但示未生，他人不必商量。

滿夫人左右 十五日雪故一昔 勒行 十九日將 十七日圖去有入

郭人意此事亦室庭達池君欲望士正獨家書入郭常吳

借行勾肯伴俱也近租房東城錢粮州一屋債資五十三

固者覺憲致附作沉今日即萬還居此次忠訛原时李種中 其喻開移吉可 威力為束舉

勤貧錢念勤助力而夏力不待直接遅言于帝事

翠廉為本接出之心中開三四十日由代本注見黎公黎公亦

李方威情接勤之心甚切而因身不足中不待送并初取

近好婦疾頗解 逢直接與帝事言之今之解釋内中黎

183

公择住而外的念劝同接春属来来终来事出正名的款

老名的仍带数分要快此入都那心不可不速而贯之宅房

历甚宽至吴方群但可另置而银行存款终须携来以备不时

之需更绕次何等措皆实来生商量可也今之所虑不在临

觉如主家之与否月情势太踌严公雄居太深盖四木审事

委平来信可谓上吾者许之甚重速以择旎异实念劝

文游十馀年长之甚深友交挚爱堂桂中的同时俗义之人

毁为朴诚恒恒奉公郑新文而性情亦安桂中相依共

救貿菜善示常世而希育三君主此何患不能保任怖入郡

一行⊕州三君而修口諾事為互救與眾乎人生豈久處一卿

二三日□秘淫未甚替冬可實事承信堕于三君之口玩亦何

惲而不為迎此間趨居為孤炳讲勒點

薔人奉山牧剿

此佐仅示未生他人不必商量

185

四十六

汤夫人左右：

二十四日发书想已收到，卒末蒙复，甚怅惜也。是日下午，即迁居钱粮胡同新寓。连日拼当，不暇作书。尔来扫除略定，内房三间，甚觉宽广，院落亦大，略栽竹木，旁有两箱可以读书，两侧别有花园，厂屋高明，亦为读书宴客之所。连日购到全史、《九通》、《通鉴》、经疏诸书，官料书籍，亦已粗备，尚觉屋中空虚也。杂役厨手，共用三人，其暗探作仆者亦已遣去。朋友之乐，差足自娱，而去后仍叹孤寂。吾亦不乐出门，一者避暑，二为坚当涂之信也。转瞬一星期间即交秋节，与君阔别，忽已一岁。明月白露，光阴往来，山川阻隔，我劳如何？前书望君与沈氏兄弟[1]偕来，想能同意。北京虽混浊之区，吾辈居之，

---

① 沈氏兄弟，即沈尹默、沈兼士。

当别有天地耳。幸早见复，以慰渴怀，人情可知，不烦疑虑。

炳麟鞠躬

八月一日（1914年）

湯夫人左右二十四日發書想已收到率未蒙覆

甚供怅也近日下午即遷居錢糧胡同新宅

連日搬需不暇作書爾母瑞除晓定内房三間

甚覺寬廠落亦大晓栽竹木尚多雨箱可以

讀書西側別有花園廠屋高明亦為讀書要案

三所連日購到全史九通通鑑經疏諸書宜料古

羅亦山莊備書覺屋中寛廠也糅沒厨手共用

三人晚採作僕若亦已遠去朋友之來美立月餘

而去此似欤价宗吾亦不来出門一者避暑三者壓

番佳之信也特囑一星期閉即交秋一印实足闷

別怎已一歲明月而燎光陰注来山川似隔我荡

如何荷否望君奥沈氏之弟俱来起修同意

此条非昆陶之匹音聲居之常剁有天地乎

辛早見霞八慰獨懷人情可知不烦暹慮炳餅

菊弟　八月二日

四十七

汤夫人左右：

　　旬日以来，歊暑渐退，已凉未寒之候，龙须八尺，何以慰相思也？太夫人病状，前闻稍损，究竟医药奏功在乎识断，驱风活血之剂，堪为辅助，不足为主方也。闻君神气颓然，语次时作战栗，身处牢愁之也，益以多病，如何弗思？尔者已涉中元矣，八月相期，果能如愿否也？青岛战事，警在旬日以前，而且至今尚未接仗，京师亦不甚惶扰，津浦火车前闻停止，近仍开行无阻。逖先所斋旅费三百圆者，近已知存放处，即拟托心孚^①手交（约一星期后心孚可回上海）。彼时车若未停，则为幸矣。不然借道江汉，亦望弗惮此劳，总以聚首为期，得免相思之苦而已。战事或起，未必与中国开衅。纵令事出意外，吾辈本非腐败官僚，所居宅舍，安于金城汤池也。寒衣未就，刀尺相催，箧中故裘，亟须料理。吾于冬日不喜火炉故也。书此敬问起居万福。

炳麟鞠躬

九月初三日（1914年）

---

① 心孚，即康宝忠（1885-1919），号窘，字心孚，祖籍城固，生于成都。早岁入早稻田大学研习法政及政治经济学，并积极参与章太炎在东京举办的国学讲习所，为章门大弟子。入民国，初任南京临时政府总统府秘书、参议院议员，旋接受蔡元培聘请，任北京大学教授，主讲社会学、伦理学、中国法制史等，为最早开设社会学的中国学者。五四运动爆发后，蔡元培辞职出京，康宝忠出任北京中等以上学校教职员联合会主席，疲于奔命。1919年11月1日，骤撄风疾，猝然长逝。

湯夫人在否 旬日居來 獻暑漸退 已漸來寧之候

龍疑八尺 何一慰相思也 太夫人病狀 前間稍損

究竟醫藥奏功 在乎識新驅風清血之廟橋

為輔助不生為主方也 閒思神氣積 欲語次

時作戰慄身處牢慈之地 益一多病 如何弗思

兩若已涉中元矣 八月相州果能如顧否也

青島戰事 禁立門日 一寫而邑今尚未按仗來

师亦不甚煌 擾火車 荷間停止 近似開行無

阻蕞先而籌款三百圓者近已知存放處
即挺記心手交約一星期如此波時事養未停
盼為苹夫不至借遑江漢亦證弗悍乎勞憊
八眾首為姆得免相里之旱而已戰事戌處
未若奧中國間辭從令事出意外夷軰本
卜腐敗吠俸而唐定令為于金城湯池也寧于
衣未戎刀人相催篋中故袋盃須料爝吾于
今日不喜火鑪却也音此敬問起居萬福炳橒鞠躬

四十八

汤夫人左右：

前属心孚汇银三百，并信一函，由伊弟康宝恕^①转交，已否收到？时已秋分，天气凉润，君体中疴疢，当已渐平。太夫人^②服药何似？尔来一二门人，半集都下，日间谈论，尚不寂寞。唯中夜深思，忧心转恻，星河鉴影，谁与为言？思君既勤，而桑落秋深，行期亦近。谓君宜速成行，汇费如未接到，亦可作速整装也。此间图籍既足供览，园林亦可宴游，京邑虽乱，吾家自治，彼附膻吮痈之士，何能入我门限一步哉！东隅战事渐当逼紧，然缘此更难望归期，俟河之清，人寿几何！所幸蒜发

---

① 康宝恕（1890-1969），字心如，康宝忠之弟。早岁留学日本，辛亥后在成都创办《公论日报》《国民公报》等。1913年，在上海创办《雅言》半月刊，后改月刊。后与张季鸾合办《民信日报》。

② 太夫人，汤国梨之母。

不多，只增一两茎耳。君当来视我劳生，而我亦视君憔悴之姿也。书此敬问起居。

炳麟鞠躬

（九月）十七日（1914年）

湯夫人左右前屬心子歷銀三百

并俟一面由伊弟廉寶赍轉交也

希收到時已秋分天气涼閣君體

中府疾尚未渐平太夫人服藥何

伯兩来一二月人半集卻下月

陶读論尚不宗漢嘅中夜深思

憂心轉切室河總影誰與為喜

與君跋勤而桑落秋深行期未

近謂君宜速成計匭賞如未掃動

亦可作速整整此閒圖籍頗足

供覽園林亦可安游幸也鄧亂矣

索自浪迹附殖晚癖之士何能入

我門限一步我東湖戰事漸

香近壑趣緣少雲難望歸期

候河之清人壽幾何所幸蘇穀

不多秋增一兩笙耳忠實來祝

我餐生而我亦祝君惟恃之路如

雪此数閱达居　楊鐵　鈞亦　十六日

198

四十九

汤夫人左右：

　　得九月初二日函，《索居》五律，词旨恬漠，太上忘情，无乃太过。君已得家居之乐，譬如一啖莼鲈，味已足矣。吾方属康心孚携三百圆汇其弟康宝恕所，嘱彼手交君处，以作来京途费，不意遽归桑梓，然此时可以行矣。未生正在上海，心孚亦方归沪，半月即可来京。君如有意与心孚同行可也。如必欲怀土重迁，亦不相强。川资三百可交心孚买置各种书籍，而北上严寒，正须裘褐。衣箱务当属心孚带上，中有貂褂、白狐、舍利两袍及虎皮等一具，冬日必不可少。其余书籍、文具，亦可带交。但未知此种物件，退屋以后，君曾带归以否？如尚寄存沪上，可速函心孚往取（心孚住威海卫路三十五号半）。如在乌镇，君当自行带至沪上，交心孚领取。然此皆就不行为说，究之川资已备，伴送有人，君亦何苦而为此濡滞？太夫人家居颐养，必有弟妹① 扶持，君当放心北上，非复如前月之依依也。秋月初圆，木叶已脱，延跂江天，不胜惆怅。书此敬问起居万福。

炳麟鞠躬

十月初一日（1914 年）

---

① 汤国梨弟、妹。

暘夫人左右得九月初二日圊．索居五律詞

旨怅漢太工元情無乃太過君已得家居土

築壁如一唉尊鑑味心來矣香方屬康心

手攜三百圊匯其苐原寶整所屬從手交

吳處山作來害塗费不惹遽歸桑梓然此

時可已行矣未生正在上海心手亦方歸滬半

川即可來宗君如有意與心手同行可也如必

欲帲土重遠亦不相強川資三百可交心手買

201

靈柩種書籍而北上嚴寒正須裘褐衣箱務備

屬心手帶上中有貂裘狐裘皮衣一

具冬月必不可少其餘書籍文具亦可帶交但

未知此種物件退歷居君帶歸呂亦如

尚穿在退上可遠寄心手往取三廿五號

鎮果當月行帶至滬上交心手領取然此皆就不行

為說實止川資止備伴送有人君如何苦而為此需

滬太夫人家尿頤蒸必有弟妹扶持君常叔心此止

沙亥如前月之休休也秋月初圓未葉止眛延跤江

天不勝惆悵書此敬問起居萬福　炳麟鞠躬

十月初一日

○五十

汤夫人左右：

前得律诗五首，其书乃从乌镇寄来，即已作函答复。近得未生来书，知君尚在上海料理装载。前已属康心孚手带三百圆归沪（此款乃与逖先交易而退），为君川费。尔来东警频仍，津浦路断，京师恐亦将不靖。君固无庸急于北上，其三百圆已属心孚交寄未生，属令转寄君处矣（近未知君在上海，抑在乌镇，故为委曲）。谂读未生来函，知君零丁辛苦，俭啬自持，闻之悲惋。风尘横起，南北阻绝，又自伤也。君以孤寄沪中，索居寡语，欲迁至杭州居处，彼地房屋、饮食费，皆减于沪上。但城市之地，绝少端人，彼中握兵权者，又与吾素不相合。此亦宜就未生详审商度也。惟家有一女①，朝夕教之，亦聊可遣闷耳。

---

① 指章太炎的女儿㸚君即章㸚。

203

人事变幻，国是尚不可知，且当俟风波稍定，观其利害，再定北行之计，然亦难以预期矣。秋风乍起，木叶将黄，鉴薄彰于星河，比浮生于林露。昔人云悲哉秋之为气，想同此殷忧也。勉力加餐，善自珍卫。

炳麟鞠躬

十月初九日（1914 年）

湯夫人左右寄得津詩五首共書乃送烏鎮寄來

即已休南若震近浮未生兼書知君云上海料

理紫裁奇山屬康心手書三百圖將混

若君概覓爾來東贄頻仍津消除斷草師恐亦

將不緒君聞無庸急十此上放三百圖已屬心手文

寄未生屬今約寄處夫 詮讀未生來

君知君書丁章茉儉齋有持閱 悲惋原慮模述

南北阻絕又月餘也 君八於寄滬中寒辰睿識欲

遷邑杭州床炭湖地房屋飲食費皆減于滬上
但城市之地屁少端人煙稠密兵積若工央衆事
不相合弔禾宜就先生詳審商店地惟家畜一女夘
夕蘇之亦聊可遣悶耳人事變幻閱來為不可知
且當佚風殿縮定然共和言再定北行之計此亦
郊以預期美秋屈乍起木業形異鑑薄彰十星
河北浮生于林露昔人云悲哉秋之為氣想同此耶愛
也勉力加餐善自珍護炳麟頓頓耶　十月初八日

五十一

汤夫人左右:

思君如此,而十三日所寄者,只有照相一张,绝无片语,既增愁闷,对君真影,益以增思。前所付书,情辞恳到。迩者端居寓宅,竟谁与同甘苦?出行则守护无人(仆役皆北人难信)。入室则独居自笑,虽当事不苦相逼迫,而以仆人难信,竟不可出行一步。此终悲郁,君皆不能相谅。以影代行,则令人且思且愤耳,何其不能黾勉同心,而作此虚饰也?君如不相忘者,秋气已凉,即当北上(前言本尔,不当有变)。早来一日,即早纾一日之忧。若必相忘,吾亦奈君何?唯有快意买书,自伴岑寂。家中所有存款,并银行尚存之款(如长期者,不妨向他人挪借,以折归之)。宜速汇来,以供买书之费(买书虽万金不厌多),并所有书籍、裘服、瓷瓶等器,皆速付运送来京。此事宜呼未生检理,可速唤之。其递先所带三百圆,本非己物,亦当汇来偿还。君徒欲归依母氏，亦无所事此也。两者速决，即付一电。临颖悲恨，夫复何言？

炳麟鞠躬

（十月）十六日（1914 年）

湯夫人左右 思君如此 六十三日而寧者 祇有 此想一

術抱無片時 快慰發問 昔君 奠對 益一憶思前而付

高情前既如通 若渝床寄宅竟沐哭同女其出汗

於守護無人以供 也出此 入室於狗居自笑 紙春束不苦

相迫迫市心供人 難信竟不可求步一勞此事悲

鬱君言不待相談以 辦代私於今人此思且惆平

何供不得惡迫 同心市作此屋御也君如不棚恣若

秋氣己凉 御雪北上 早束 卯申你 妾意束

209

必相忘。尝来李君。何以不市恃意买前月伴岑敦家

中所方在欵并银汁名在欵……如古物布不好向他人空速匯來

一供买寄之费。买古雅芳并而方来服瓷瓶等到吾速付 荆

運送來剞山事室乎未生撿極可速候〇快樂生

而寄三五圖本帅之物来高匯來價還君院欢歸、

休母氏乏亮所事此地兩芳速沒即付一電沛颢悲恨。

夫復何言 炳麟 枸服 十六日

五十二

汤夫人左右：

　　得十八日手书，知脑病尚未痊愈，怏郁已甚，何以自娱？所寄书籍、裘衣，昨已取到。棉袄、裤亦殊欲得之，而不愿君之劳顿从事也。顷有裘衣，亦足御寒。但不知君在南方，孤冷何似？念曩日岁寒松柏之言，亦谁与君共此者乎？战事恐未猝止，然日本已代管东清铁路，则南北满当以全力经营，未必于山东开衅。君果不欲住永年，上海岂有暂安之处？如愿北来，引领以望。明岁南归之说，恐属同人希冀之辞，未必属实。康处^①三百圆，已函令未生往索，未知已索到否（向有宋本《注疏》六部，由逖先属康带致未生，不知已到否？因康之办事，无益于己则甚稽缓也）？可函询未生也。

炳麟鞠躬

（十月）廿二日（1914 年）

再，君出永丰后，速将地址示知，以便通信。

---

① 康心孚。

湯夫人處在得廿八日手書知嗜病尚未全

愈快慰已甚何居何娛行宁書稀衣

昨已取防絲襖褲亦珠欹得兩不頻君之勞

頊後事也呪有裝衣亦是敬婁但不知君

在南方孤冷何作金業日歲寒松柏之官

亦諒與君莽此爲手戟事恐未辭近

絲日本已代管東清鐵路於南北滿貴四金

213

力促搭配未及于此乘閒聊几乎不欲住

承平上海尚有靜安之處如欲北來列

鋐以望明歲南歸之說恐遙同人需鑒之

辭未必屬寶康處三百圓已國令未生注

李未刻已享畔不欲未生不刻已時不因康之辦事無

可面詢未生地　頻碩鞠躬　廿二日

益于之为甚　繼續也

再哥未承平以遞物地此至刻以便由信

五十三

汤夫人左右:

七日得一日书。天寒墨冻，未能作复。今日稍和暖矣。太夫人乱疾未瘳，中土方剂想不适用，自以延请西医为善。仆近亦以天寒，左骭受冻，背出风疹，延日本医生敷治，十日始瘳。目下已御丝绵，寒气不至侵逼，此皆君之赐也。睽违两地，聚首无时，知君念我，亦如我之念君。时势何常，总期宽心而已。沪上既租房屋，廖君① 可催其来，一以伴君寂寞，次亦使彼安心读书，不然虚出租费，甚无谓也。君既更患苦，志向老成，以此教廖，庶令彼去童稚之心耳。书此敬问起居万福。

炳麟鞠躬

（一月）十日（1915 年）

---

① 廖君，亦作穆君，章太炎次女章㯋。

湯夫人左右昨得一日書天寒墨凍未能作覆今

日稍和煖矣太夫人記疢未瘥中正方慮然不

適用月以延諸西醫為善儻延赤以求寒左豎

受凍皆出勞瘁延日本醫生難彼十日愈瘥

但下已御綿衾之不至侵逼此前君之賜也

峻達兩地聚首無妨知君念赦亦為赦之

念若時戰何常思如寬心而已池上沈視

房屋多莩可催其來一以伴君寂寞浴余

使彼安心讀書不扰虛出知費若肇謂此不

改更慮荐志向先成以時赦多尼令彼女童

辦之心平素此赦問丝冬循

中山

炳麟頓騰

五十四

汤夫人左右：

又得手书，知房屋已租，而廖君尚未前来，三次往催，竟无消息。鄙意当作书与未生，令勉其行。吾已书与龚未生矣，君宜再促之。至于学习英文，以不就学校为宜。上海能教英文者甚多，日日走读，归后仍可修习国文，与君相伴。不然则国文荒落，徒学粗浅科学，甚无谓也。又此女向在家兄宅中，家庭教育甚少，以此不知人生忧患，再入学堂，同学亦皆丰少，不能引以上进。若在家中，乃为有益耳。所以不令在杭入学而必移近家中者，即以此故，君当深体鄙意也。今年天气甚热，身体颇安，而京师喉症亦多，君在沪中，总宜常服橄榄荠，多近火。异梦。异梦今仍如旧，久亦不以为异。张伯纯[①]事应为作文表扬，若懒，尚未执笔。阿育王寺不知何宗何僧主持，其寺缘起如何？作文亦无难，但不知其事实，则无从下笔也。太夫人乱疾稍可否？西医用药有无成效耶？书此即颂起居万福。

炳麟鞠躬

（一月）十九日（1915年）

---

① 张伯纯，即张通典（1859-1915），字伯纯，号天放楼主，晚号志学斋老人。湖南湘潭人。湖南维新运动之积极参与者。辛亥革命时，集同志参与光复苏州。后任南京临时政府内务司司长及临时大总统府秘书、秘书处军事组组长。入民国，解职退隐湘中，以著述为乐。有女张默君，为汤国梨上海务本女校同学，也是汤国梨、章太炎姻缘的牵线人，嫁国民党要员邵元冲。

玚夫人左右又得手書并彦庄已托勿多君为介养亲来

三次往偹竟无确息郵童寄出书实未生今勉力行亲

凹音实未生来无宜再住之至于学習英文⋯⋯以不就学

校为宜上海師教英文书甚多以户主谓师以仍可

仆好国文实思相伴不我行国文芜荿後字粗淺

科学甚无謂也上此女向王家兄宅中家庭教育甚

少一步不知人生贤惠角了字益同窗吾階半少工读

引人上进养在家中不为市益再将不空空机人

等市场移近家中者即可一老板只管涂牌那盒也

今年天气甚热身戴颜为市京师喉咙亦多不

立追中凉室爷服摄援等多近火异等今幼如

虽久亦不必为异藏张伯纯事废为外文表揚吴

懒多未熟算阿古主手不知何字何偕主持共寺

塲起如何依文亦甚歡地不和廿事实劲廿诸下

争也太人乳在郑可不西碧甲荣寺守城致

那考考即时延比茅柘

杨静柏瑞

十九日

五十五

汤夫人左右：

十三、十六两函并皆拆阅，言不阅者妄也。来书劝以慎默，危行言孙，固当如是。但明知慎默不足以解其疑，故落得慷慨耳。君果能来，当以己意行之，不可因人成事。盖何人送君北上，即何人可以讨好于政府也（吉字虽无他心，有《神州日报》馆在，不必与之同往）。若自来迎迓，恐政府断不放此一行，能相蛰公处觅一妥人送上，乃为合宜。但此时恐无旅费来京，亦无住处。应否待事解后自来，还请就蛰公商之也。

炳麟鞠躬

（一月）二十日（1915 年）

湯未人左右 十三十六 雨南記略拆閱青

不閱務委池 來今御八慎欲危行言

孫國當以呈但明知慎欲不立以解決

兹叔語將悅懶耳君果猶來需以王

意行之不可因人成事簽何八送居北

上即何人可八討好手政府池吉季張無他心有神州

汁若自來迎速政府新不敢此一行任

向警公處夏一委人送上乃岁今空但此

时區無能黃來束奉住處癒不清事

解诚前來還请託雜公商之地炳然構邪

二十四

五十六

汤夫人左右：

　　犇数日已复一函，想已收到。近日长女蕴来①及未生婿②皆已决定来京，与次女㷖君会于上海，相偕前往迎君。近日京城无事，气候亦和暖适人。思君正亟，君必当偕两女前来，弗负此苦念也。仆近身体亦佳。君春来想亦少病。太夫人体气何如？瘰后亦宜时常服药调养也。此问起居万福。

炳麟鞠躬

阳三月廿九日（1915 年）

---

①　蕴来，章太炎之长女，名㸈，嫁龚宝铨。
②　未生婿，即龚宝铨，蕴来婿。

暘夫人左右 待數日已覆一函想已
收到近日令女藴來及未生晬皆
巳陵定來亦與次女釋界會手工
海朝偕前往迎界近月京城無
事气候亦和暖迴人思君正巫
君必眷怙兩女常來弗負丝
若念迎僕近身體亦佳界春
来想亦少病 太夫人體氣何如
寥波家宜时常服藥娟養也乎
門起居為祝 炳祥鞠邢
陽六月芣日

五十七

汤夫人左右：

得二十七日手书，悲喜交并，所劝南归及不欲仰人鼻息之说，悚之久矣。仆之欲归，如痿人不忘起，势不可耳。嗟乎！观人察事，亦何容易？岂报章浮泛之论，市井一哄之见，而可以知其真相耶？来书以曲赦党人之事，谓仆必不见忌。不知政府为此，但以敷衍门面，而真心疾痛未忘也。彼所赦者，皆乌合驰说之徒，此辈见利即趣，遇败即散，原不为政府所深忌。仆与此辈，政府本不一概视之。盖袁①本武人，所畏不在军人流氓，而在学者。前岁党狱所治，亦不在二次革命之人，而在

① 袁世凯。

225

首倡光复之人。（不然，谭延闿^①、欧阳武^②、程德全^③皆已督都独立，而谭、欧一判即赦，程则绝不问及，何耶？至如陈

① 谭延闿（1880-1930），字组庵，号无畏、切斋，湖南茶陵人，生于杭州。父谭钟麟，官至两广总督。谭延闿聪颖好学，被誉为奇才，与陈三立、谭嗣同并称"湖湘三公子"；与陈三立、徐仁铸、陶菊存并称"维新四公子"；也是近代以来最重要的书法家，具有极高的艺术成就。清末任湖南谘议局议长。武昌起义后，任湖南军政府参议院议长、民政部长，湖南都督。反对袁世凯帝制自为，参与护国运动。后主持湖南自治运动时，曾郑重邀请章太炎亲临指导。

② 欧阳武（1881-1976），字南雷，江西吉水人。早年入江西武备学堂，后官派赴日本学习军事，与李烈钧同学。武昌起义爆发后，江西独立，被推举为江西陆军总司令。民国二年，代领江西都督，加陆军上将衔。

③ 程德全（1860-1930），字纯如，号雪楼、本良，法名寂照，四川云阳人。曾入黑龙江副都统寿山幕，后任黑龙江将军。1910 年调任江苏巡抚，为晚清立宪运动的积极参与者。武昌起义爆发后，电请清廷改组内阁，宣布宪法，消弥革命。民军入城，程德全宣布苏州独立，是第一位宣布反正参加革命的清朝封疆大吏。后任江苏都督，南京临时政府内务部总长，并与章太炎一起筹组中华民国联合会、统一党、共和党。

之骥^①、王金发^②辈，更不足数。且陈为冯国璋^③女婿，王亦实

①　陈之骥（1884-1964），字叔亮，河北宁河人。早年毕业于日本陆军士官学校，后追随孙中山投身革命。民初，任陆军第八师中将师长。二次革命失败后，逃亡日本。1914年回国，任将军府参军。娶冯国璋长女冯家逊为妻。

②　王金发（1883-1915），字季高，又名子黎，祖籍浙江嵊县，生于绍兴。早岁加入光复会，为徐锡麟赏识。后东渡日本留学。回国后任大通学堂教员，致力于反清革命。1907年，与徐锡麟、秋瑾合谋在浙皖等地同时起义，失败后遭通缉，后转赴上海投奔陈其美。武昌起义后，先后积极参与上海、杭州光复，拼性命，炸军库，出生入死，贡献良多。后任绍兴军政分府都督，隆重祭奠徐锡麟、秋瑾，惩办涉及秋案者。"二次革命"时，在上海召集旧部筹建浙江驻沪讨袁军，自任总司令。失败后遭通缉，亡命日本。后在杭州被诱捕遇害。

③　冯国璋（1859-1919），字华符，一作华甫，直隶河间人。早岁毕业于北洋武备学堂，历任北洋步兵学堂总办兼督练营务处总办、第一军总司令、江苏都督。为袁世凯北洋系最重要的人物，与王士珍、段祺瑞并称"北洋三杰"。入民国，冯国璋仍是袁世凯最重要的盟友，但他不能认同袁世凯废共和改帝制，进而联络几位重要将领通电公开反对，劝袁世凯及早退位，重回共和。

与孙^①、黄^②不合，岂政府所必欲置诸死地者耶？）去岁黎宋卿^③、孙尧卿^④诸友，已将此情转问要人，答言则云："由重生畏，由畏生忌。"此乃政府用心最深之处，岂可以外面和平谓其无事？又岂可以本非同比例者而强开比例乎！上海、苏、杭一带，率多浮浪，武昌起义以后，乃哄然称革命党。此前十载经营，皆非彼辈所晓。彼视莫伯衡^⑤之归国，以为政府遇仆与莫相同，

---

① 孙中山。

② 黄兴。

③ 黎元洪，字宋卿。

④ 孙尧卿，即孙武（1879-1939），原名葆仁，字尧卿、摇清，号梦飞，湖北夏口人。早岁就学于武昌武备学堂，后任湖南新军教官。参与唐才常自立军起义，被推为岳州司令。后数度留学日本，习陆军，研战术，制炸弹，加入共进会，并推为湖北主盟，回鄂策划革命。1911 年 10 月 9 日，在汉口俄租界试验炸弹，不慎爆炸，事泄，由此引起改变历史的武昌起义。入民国，任进步党理事，后任参政院参政，授将军府义威将军。

⑤ 莫伯衡，即莫永贞（1877-1928），字伯衡，浙江湖州人，早岁留学日本早稻田大学，后归国授法科进士。入民国，被推为浙江省临时议会议长。国民党成立，被推为参议，并任国民党浙江支部委员兼干部参议。1914 年，公开反对袁世凯解散各省议会，稍后流亡日本。1915 年，居浙省都督朱瑞幕府，并任财政厅长。

则真可谓盲人之道黑白矣。君虽未知前事，于此不应轻信人言也。仆观近事，政府暴戾恣睢之气虽渐次归平，而彼所隐忧方大，己既无能，则忌人之心自不能已。譬如惊鸡甫定，惟有与之相忘，则彼亦渐能忘我。稍一警动，又鼓翅而起耳。迟一二年，容可作南归之计。今若骤与之言，是鸡甫定而又惊扰之也。要之，仆所怀者，惟有一死，次则出家为沙门也。今岁以出家告政府，彼仍不允，仅将警卒撤去。夫出家尚不可望，而况于归家乎？何君所与往来言论者，皆知表面，而不知底里也。廖君在此，国文、英文，虽有专业，而按期授课，反不如学校之有恒时，其实亦不如归家入校为善。所望君来，谓可以团聚耳。君既多病，仆亦绝少生趣。迟一二年，恐已不复相见，一晤而死，何快如之。若责人以所不能，而又无可以为其后盾者，则所谓俟河之清，人寿几何也。此种情事，不须与他人议之，蛰仙或能领略耳。此问近安。

炳麟鞠躬

（四月）初六日（1915 年）

229

湯夫人去滬二十七日矣音耗喜又菲存

歡勸歸居不欲仰人身居之說慄之久矣僕

之欲歸如癡人不忘起勢不可耳嗟乎觀人

寮事亦竹案易笠報章浮傳之論市井一閧

之見何可以知其真相耶來書以曲教靈人之事

明僕必不見忘不知政府為此似以敷衍門面而

真心疾痛未忘此彼所献者皆烏合馳說

之流此輩見利即趨遇敗即散原不為政府

所深忌僕與此輩政府本不一絲統之蓋

君本武人而居不立軍人流氓而立學者 去歲曾

獄即於此亦不止三次事 俯之人立於前俱光復之

八（不特譚延闓歐陽武程潛金肯四鄒稱絪立而譚歐

一判即叙程及他不問及何即至如陳之發王金發

畢更不足數且陳為鳴團燁女塙王亦寶與保羣

不合並政府所必欲置游死如者耶）去歲孫宗卿

孫先卿諸友已將母情結問要人蒼言約云由

衆生畏由畏生惡此乃政府用心愈深之慶矣

可以外而和平謂甚無事又豈可少本邦同此術者

而強開比例乎上海蘇杭一帶輩多浮浪

231

武昌起義以後乃開始稱革命這兩此十載

經營靖小波筆府晚波就英俄衡之歸國以

為政府區僕實莫相同的真可謂商人之道

里勾矢君難未知為事於此不應軺信人之言

僕觀迫勢政府景度悲醒之气雖漸次歸平

予波而院愛方大乙跌無絲的忌人之心有不能

已顧如甞雖甫定惟有困實之相忘的波命衡

駢怠我私一聲動人敬迎而述平遁一二年宗

可作南師之計今春願奈之言是彩甫定戶

又努投之也要之僕所操者惟有一死次的

主家為沙門也今歲一家為政府誠恐不免債將

卷牽搬去夫求家為不可望而況于歸家乎何

君府實注來受誦於背知來兩而不知底事也

影界在此國文英文鄒有他業而拔期授課反妆

學校之有傾時其實亦不如入校為善一時望君來

謂可以圓聚耳　君既多病儂余他夕生趣遲

一二年恐已不復相見一瞑而死何恨如之養養

人以而不解而又無可以為其故府者防兩謂侯

河之情人以壽歐何必此種情事不須與他人議

之藝仙叔欲依略耳此閒悠悠

楊鱗朝郵物六

五十八

汤夫人左右：

得初六日信，知上书乞归已成事实，此事前早知其无效，已驰书力阻。今竟行之，何益于事？徒令当事疑我耳。献是计者，真可谓愚暗之甚也。春日一书，言"迎者皆为讨好"，此由黎公误遣何雯[1]、陈绍棠[2]等，恐其拨弄是非，是以作斯拒绝。今则时非昔时，人非昔人，岂当胶柱调瑟耶？杭人误传纳妾一事（此乃政府遣人运动，盖以君不北来，欲以纳妾为固，已明拒之），尤为荒谬。今报馆谣言，市人妄语，一概当置之勿听。即如《神州日报》何尝非政府机关？而君偏信其言，则不如掩耳为愈也。方今言论不应偏听一人，择其较可信者乃信之耳。同学诸君皆已赴家接眷，吾之与君，悬隔咫尺，永不得聚，亦

---

[1] 何雯，黎元洪身边小人物。

[2] 陈绍棠，黎元洪身边小人物。

何怒然之甚耶！人情谁不思乡怀土？吾之不归，非不欲也，势不能耳。如君必一意孤行者，吾亦削发入山而止耳。脉脉想思，终难如愿，乾愁自苦，亦何益也。此颂起居万福。

炳麟鞠躬

（四月）初八日（1915 年）

暘夫人左右诗初不日偿知卜在气愤已成中

实尒事前早知其无效已吧言刃阻今竟讨之

何至于事迄今尚未总成我可戚生计苻真可

谓暗之甚也寿日一刍言迎芳兑为计好呼由衆

不误遗何变陈绍棠等翅其搢弄生卅生作悱

拒绝今公对外昔时人卅昔人室房滕柱调瑟却（此句以内远人置动苔此君不必朱纹以何要为周鄭明俚之）

权入诬侍纳妾一事尤此荒滠今缃馆谣言亍人

妄论一概置之勿嫡然即如神州日报何省卅政府

236

栈關亦尽備传甘言於不如擺百為會也方今
言論不應偏聽一人搏其較可信折可信人乎
同李涛界時亚迷家核香东之與君埶隔坐几
亦不詳朕亦何想此二苦邧人情讼不迎卹悚
王否三不憚邧不殺也勢不鮮耳光君及一意必
行者吾亦窮煲之山而止耳脈脈相思終難如欲悉
自妄亦何益也此頌起居萬福終稍胱加日

237

五十九

汤夫人左右：

适付复书，殷勤未尽，思君不见，发为之白。来书云："本为家室完聚，非为政治问题，此语诚尔。"吾辈所求，但愿朝夕聚首，琴书唱和。若夫当事所怀，欲以室家为固，此非彼所明言，而亦揣度事情，理有必至者耳。吾今宅舍颇宽，书史尚足，饮食嗜味，亦堪适口。而食不甘味，读书不乐者，正为思君一人尔。虽得千两人参，饵以解病，何若睹君一面？南行不得，上书无效，君遂不我思乎？家室之事，君不耐他人参与，此亦人情。然不愿他人劝行，又岂愿他人阻止尼？此事在我与君耳。人之相知，何如同室。求思之切，执着自身。君亦但听吾言，必无过计。他人虽百端献策，苦乐之情，终在膜外。事或不效，疑构随之。而献策者岂有所损乎？无责任之言谈，可以不必听从也。若其别有他肠，受人簸弄者，则更非所问矣。

当事所忌于舆论者，乃关系政治之文。若为一人之故，引起群言，在彼亦何所惮？即观黄晦闻①首发不平，当事曾亦忌彼否耶？吾今处此，不发一谋如徐庶，家室保聚如仲长统，优哉游哉，聊以卒岁，此既古人所不能訾议（报章之论，乃一人恩怨之言，轻踩好事之人，亦多宽待一身，厚责同类，此种不足介意），而亦功成事就者所当然也。解忧成乐，实赖君之哀我耳。每思遇事以来，千回百折，以至今日，刚柔迭用，始能出险，发计常在一心，其中甘苦得失，亦筹之至熟矣。而报章妄言，常由访事构造，所论是非利害，皆可以《封神传》《西游记》视之。沪上人情，不观实际，易为浮议虚谣所动，则制人之生死出入者，乃在主笔心胸。此而听之，举动安得不为所牵掣乎（政府机关，利人沈默；政党机关，专务修怨。其国民党新附之人，非损人利己则猖狂肆言。此三种言论，皆宜扰之。）君思此旨，

---

　　① 黄节，清末在上海与章太炎、马叙伦等创立国学保存会，民国成立后加入南社，袁世凯复辟帝制期间，黄节频频撰文抨击，致遭忌恨。此后，不再从事新闻舆论工作，专心致力于学术研究和教育事业。

可以憭然。黾勉同心，惟我与尔，若遂不从，夫复何语？临书
哽咽，言尽于斯。即希珍卫。

炳麟鞠躬

（四月）初九日（1915 年）

陽夫人左右。遁付震動啟動未盡。思君不見此發為動向來

青云本為家室定難卿為政治問題此諒誠難弟單所枘

但願朝夕聚首琴瑟唱和养夫貴弟所陳欲以包家為固

此非波而明記中求揣度事情徑有必至若爾兄今定念

頤竟竟央尚足飲食嘗味無港通以亦食而不甘味讀書

不來希正為思君一人蔫郑得千而人参飲以解病何若

就君一兩南沅不得上青无致君逢不我思乎家室之素

黑不耐他人巢巢此茸人情全不願他人勒浮又堂買頤他

人阻尾此事至我與君耳。人之相知何如同堂求思之切。

执亲自身。君安但听吾言必无遇计。他人欲而偶献策

吾未必情愫在膜外事亦不救苑构随之而厳策者望

於所扰于无责任之言谈可以不必听弦也若事到而他肠

忌人殺弄者約更排所闻美雷有所忘于奥谕為乃闲

係政治之义 若為一人之私引起异知主诉亦何所惮即教

黄時閒首役不平衰事事亦远波不邪 吾今处此不

發一谋為涂庄家室保辞如仲长统優我游我聊以平

歳此政世人之所不能尝谕 亦多宽恃一身压责同数四種不足介怀 而未功

成事就吾所管辖也解憂成寐宴寐君之示我乎 每思

遇事一来。千四百折八至今始酌来选用。始能出险救计事

在一心甘苦中廿羌求乔之。至熟矣。乎报章妥言希由诸事

模进而满未州利索。皆可以封神传西游记视心海上人情。

不批实际易为浮议虚谣行动的制人之生死入者乃在主

单心胸少而眼心。宁静动多游不为而章掌手。 政府机廊别人沉默。政费残朗喜然感叹。

希望不进夫漢何读书要咽言者于斯。即希珍卫。

其同内堂新州之人非贱人的乙一。君思山前可以怀公邪勉同心惟我哭雨

扬森鞠躬。初九日

○六十

汤夫人左右：

得八日书，敬悉廖君宜归侍，君如忧用绌，银行款原可支取，吾亦当有所寄，幸勿踧踖[①]也。纳妾虽常事，于我则不相宜。方今法律祇成具文，私逃诬告，所见多矣。此之为害，过于饮鸩酒也。目下外交已了，而内忧有过于是者，佗人未必蒙害，吾则深惧不免。虽不障碍人，而人必以我为障碍品矣。君观前代嵇康事迹，可以了然。隐忧深结，书此达意。

炳麟鞠躬

约 1915 年 4 月

---

① 踧踖：惊惧不安。

244

湯夫人左亦得八日書敬悉多君室歸侍

君如愛用缺鎚行款原可支取吾亦當

有所寄车勿嶽也的每那常事于我

則不相宜方今法律紙成具文私逃

訪書所見多矣此之為害過于飲炟酒

也目下外交已了胥肉愛有過于是者

侭人未必蒙牽吾則深擁不免儻不

障礙人每人必以我為障礙品矢果範苟

代稅原事蹟可以了老隱愛深繞書此達意

炳驎翔跹

六十一

汤夫人左右：

得信后即复一书，想已收到。浙中闻颇平稳，此间报纸所登皆是诬造。其间事态，究竟何如？未生^①何以无信耶？《阿育王寺重修舍利殿记》早已拟好，而未知其方丈姓名，寄书往询，夫未见复，今将原稿寄归，其方丈之名阙之，可由家转寄与彼，因不知方丈名字，故不能作楷书，当由寺僧请人写可矣。此问起居万福。

炳麟鞠躬

四月二十六日（1915 年）

---

① 龚宝铨。

瀛夫人左右：得信後即覆一書，想已收
到。浙中聞戰爭極，此間報紙所登皆
是謠遠，其間事態究竟何如，未悉。何
以世信？郭阿育王寺重修舍利殿記早
已擬好，而未知其方丈姓名，寄往詢
去，未見覆。今將原稿寄歸，其方丈之
名闕之，可由家轉寄與誠因，不知方丈
名字，協不能代楷書，由寺僧請人
寫。專泐，此問起居萬福。

惕孫鞠躬

四月廿六日

六十二

汤夫人左右：

得五日书，具悉右文社所作目录①，乃系前两月中心孚所定。上月心孚之弟②来京，早与斟酌改删，其《秋瑾集序》③一篇，已在删除之中，想不日当另印目录也。心孚事乃仆所委托，并未生亦列名，故可如意张驰。其钱须弥④辈素行无赖，不值

---

① "右文社所作目录"，指上海右文社1915年铅字排印章太炎之《章氏丛书》，两函，共二十四册。这个本子疏漏、错漏太多，章太炎极不满意，后又交给浙江图书馆编订一套新的《章氏丛书》，1919年出版。浙图版较又文版有很大调整，增加《齐物论》重定本、《太炎文录外编》、《菿汉微言》三种，《文录》有删革，尤其是引起争议的几篇，如《秋瑾集序》等。

② 即康宝恕，康心如。

③ 《秋瑾集序》，章太炎作于丁未（1907）七月，同年发表于《天宜报》第五册，《民报》第十七号，以及同年出版、王芷馥编辑等《秋女士诗集》石印本；1915年被钱须弥收入所编《太炎最近文录》。

④ 钱须弥，无赖小文人，所编《太炎最近文录》1915年由上海国学书社铅印出版。太炎对此书极不满意，错讹、乱编，问题多多。

与之理论版权之事，或许或不许，已属右文社主之。至《秋瑾集序》一篇，仆意观云①未必肯自出面，同时已函致心孚，令其与钱辈磋商矣。但无赖之徒，惟知取利，非有势力压之，终恐寡效。且看心孚办此如何。如其不效，再作别种商量也。君近日病势起否？闻与廖女一书，自言憔悴，廖亦亟欲回家伴君，至于迁杭之事，未生亦谓决定可行。大约下月未生可归，君当就与酌量耳。

炳麟鞠躬

（五月）初九日（1915年）

观云兄近状，仆亦略知。此时黑暗甚于清末，徒执法律与人谈判，势所不能。此语望告观云详之。

---

① 观云，即蒋智由（1865-1929），原名国亮，字观云、星侪、心斋，号因明子，浙江诸暨人。早岁留学日本，参加过光复会。后任《新民丛报》主编，又与梁启超合作，共组政闻社，主编《政论》，鼓吹君主立宪，反对革命。蒋智由早期诗歌忧时伤世，呼唤自由平等民主，豪宕恣肆，极富朝气，因而被梁启超列为近代中国"诗界三杰"之一，与黄遵宪、夏曾佑齐名。

湯夫人本待五日晋見恐本文私行作日稼
乃係前兩月中心字所定上月心字三弟來京
早與斷酌政如此私稿集序一届已至冊除之
中趙不日當為印月錄如心字事乃僕所委記弁
未生亦列名极可如意隨処世廿後須確牽章行
無賴不償实之過渝版樣之事或许敁不許巳
屬本文社主之至秋瑾鼎序一届僕責觀云
未必買自出而同时山属政心字令共與錢牽

聯肓矣但無論已送惟知取利亦未有勢力壓之

終恐寡效且看此手辭此如何如芟不效再作

別種肓事也見近日病勢起色聞矣多女一

青白言快悵參余孟農四家伴居近于遠抗

之華未生命謂沒途可行大內下月末生可悸

君尚就實的畢耳 嫦娣韻珊 西九白

觀雲先近狀僕余咻知此的至膽善于清末従敬法

津安八陵刻勢而不能此張望祇觀雲評之

六十三

汤夫人左右：

最近曾发一书，比又连接两函。君欲与未生同住亦好。廖君归否，容俟后定也。国学书室所刻《太炎最近文录》，前康心如已曾相示。右文社欲与交涉，不知其果否也？其中所登文字，今昔异情，原无关系。彼辈妄加评骘，亦属小人常态。吾心自有把握，宇内自有公评，断非一二小人腾其簧鼓所能变乱也。唯《秋瑾集序》一篇，关系观云名誉，即袁迪庵临事委蛇，亦属可谅。故右文社近刻《文集》，已属将此篇抽去。而小人专恣，拾其覆潘，殊属荒谬，然亦或不知事状所由来也。版权之说，出言不逊，今日谗慝横行，宵人成市，大怨尚不能修，而况此小小者乎？语云："豺狼当道，安问狐狸？事之变复，亦何常也。"今日且不必与争，争之亦无益耳。右文社康心孚辈，仆已明以刻版委之，或康等能与争执，未可知也。吾意今不必与论版权，但将《秋瑾集序》一篇，促其抽去。此事仍以托之观云，附信一函，望即交去。未知观云力量何如也？书此敬问起居万福。

炳麟鞠躬

五月二十六日（1915 年）

湯夫人少女羅近常發□比大連後兩南君故與未

生同住亦母緣見歸否寧候以出地圖字貴室所刻太

資文錄帝康心如心帝相于吾文社欲要交涉不知共

果不也共帝行光文字今昔異情厚無關係緣聲

妄加許陽示屬小八常怒吾心有有妃雅字內日有

公許斷州一三小八騰共箕敦而緣亂此唯欷誰

稟序一篇闊係歡雲不寒即承迎養陸事姜炮肅

屬可諒故杏文社近刻文集已屬將此篇抽去勿為小人壽

恩於英霉淪珠嘉裔深兆無我不知市賊所由來也

版樣之說未言不逮今日邊憂橫行害人咸市士紛紛不

斷休而況此小小書手謂云刻期背道為門孤狸事之變

後亦何常也今日且不必與事事之亲至耳本文社廬心

手筆僕已明以刻版委之改廑等刻與事執未可知此亲

意今日不必與論版樣但將秋煌作序一屆任其抛去此市

仍八汎之徹雲附信一函望即受去矣觀雲力量何如

也奏此敬問起居為祈

炳麟鞠躬 五月二十二日

六十四

汤夫人左右：

本月十二日始接棉衣，距初寄时已一月矣。其后叠奉手书，心绪尚恶，竟未作答。自廖君女来后，稍不寂寞，警匪亦渐次萧清。闻君在家身体羸弱，此时天气渐和，冰雪方解，宜可来此一省。廖近在家读书，吾课以《古文辞类纂》，然课读之事，素所不习，兼一身著述，觉此为烦。君平素老于此事，来此即代吾劳，兼有伴侣，更不寂寥。薇生①亦曾言天暖即来，业已驰书促之。君能与薇同行，中途受多照料。良时在兹，引领以望。书此即问起居万福。

炳麟鞠躬

（五月）廿九日（1915年）

---

① 未生，即龚宝铨字。

湯夫人左在本月十二日抵揚城

承距初寄時乙一月矣其後臺

李手書心緒尚惡竟未作苔白

參君女來後稍不敘漠鸞亟求

漸次蕭清閒君在家身體羸

弱此時天氣漸和冰雪方解定

可來此一省參近在家讀書矣

課石古文辭類纂然課讀之事

素所不習素一身兼述覺此為煩

君平素老于此事來此既代吾勞

莫有伴侶更不寂參薇生亦曾完

天暖即末業已馳書任之君能與

薇同行中途變多想料良時在蘇

引頌右望書此即問起居萬福

炳麟鞠躬

廿九日

六十五

汤夫人左右：

　　祷接信及小词，已作复函。阅十余日，未知收到否？近日北方渐寒，江浙一带想余暑亦退。仆娄欲作书一幅寄君，苦于难达，且作后图。京师议论日纷，彼冒昧主张者，徒造成亡国之基础，虽暂得富贵，其覆可待。仆以性情素峻，人亦不敢强迫。两女虽已成年，大事安危，终非所晓。未生暂当留此，以备意外之虞。仆今忧患虽深，而坐待死亡，转无烦恼，惟以力薄身羁，坐视危亡而不能救，以此自愧而已。余复何言？君近亦宜顺性将形，无太自苦。书此即问起居万福。

章炳麟鞠躬

九月初一日（1915 年）

六十六

汤夫人左右：

　　得九月三日书，云将返里，达我初心。此时天已清凉，途中稳便，以吾望君之切，而君岂忘我耶？今交上银三百圆，可作来京旅费。如未动身，至阴历八月初亦好。两处屏居，徒增思慕，愁病困人，端坐此耳。此来非人不测之渊，亦非受人强迫，正以情之所系故也。苏诗云："惆惜束栏一株雪，人生看得成清明。"此盖讽梨花诗。君于神州女学一树，尚裴回不忍去，反身相省，人岂同于树耶？行期果定，即望付电以慰悬悬。此颂起居万福。

炳麟鞠躬

（九月）初七日（1915 年）

渴夫人左右　别後九月三日青云将返我初心山

特天已清凉建中穆使以安望君之切而君岂

忘我耶今实上银三百圆可作束束脩费如

未动身已八月初　亦如两度屏座　　　萃悉

病因人谕坐此平山束邪一不调　渊永藂变

人　　正心情之而擊权也苏诗云惘怅束摊

一株雪人生看得我清明此益饰黎花诗尔于

神州女学一樹尚紫回不忍去反身相省人堂同于

耕耶行期果定　望付電　魅　山欧

赴东苏蹜　炳赫衔郎　初七日

六十七 ①

在贼中，岂能安？

---

① 1915年春，章太炎长女章㸚偕婿及妹入京省父，并在京停留五个月，后因"其姑驰书召归，㸚既不忍远离父侧，又不欲重造造意"，自缢于卧室，发现时已经不救。日本报纸首先对此事进行披露，而误以为死者为章太炎。汤国梨急电问安，章太炎遂回复"在贼中，岂能安？"

六十八

汤夫人左右:

　　发书后数日，大变遽作。蕴来[1] 于八日平旦无故自经，系缳非紧，足尚至地，而呼吸已绝矣。延医救治，云已无及，遂于九点钟陨命。猝遭此变，心绪恶劣，又异莳时。蕴来平日与未生伉俪颇笃，事翁姑、处弟妹皆能雍睦无间，唯天性忧郁，常无生趣，在此五月，虽言笑如常，恒以得死为乐，游公园、观戏剧，皆勉强应酬，神情漠然。自裁已经一次，幸被解救，盖相距已两月矣。临命之夕，尚与未生、廖君笑谈如故，家中了无防闲，不意遽自弃生。观其所为，并无必死之遂，而遽至不救，可哀也已！廖君自遭姊丧，戚戚无欢，虽性稍爽朗，而厌世之心平日殆无大异，恐其因是致病。未生意趣本与蕴来相

---

[1]　蕴来，即太炎长女㶈，龚宝铨之妻。

264

近，唯幸为男子，得以朋辈酬酢解忧耳。既遭变故，精爽益耗。仆则生趣久绝，加以悲悼，盖不自支持矣。前得张伯纯之讣告，未逮三日，吾女又陨，岂不悲哉！

炳麟鞠躬

九月十日（1915 年）

湯夫人左右發書後數日大變遽作嗌
來于八日平旦無救內經繫纚水漿廷
尚至地呼吸已也矢延醫治去已
無及遂于九時鐘隕命辭遭此變心錯
惡為又奧蒲時溘來平旦奧永生抗懓
齶寫事俗妹處弟妹皆修難睦無間吡
天性愛戲常無生趣在此五月郇言夭
如常而恆以瑪孔為樂游公園觀戲劇

266

皆勉強應酬神情漠然間裁已逾一次年

极解救萱相距已兩月矣陥命之久而與

先生每君笑谈如故故家仲了無防閲不

意遠間弟生親其行為並無江無之遙而

遠无不敢可末必已多君行遭妙表戚戚

無救派性轩轾朗而厭世之心平月此無大

異恐其因是致病未生竟趣本與箇来相

近唯卒為男子得后朋輩酬酢解憂耳

既遭變故，精爽益耗，僕於生趣久絕，加以
悲悼，益不能支持矣。前得張伯純之訃至，
未逮三日，青女又隕，豈不悲哉。炳麟鞠躬　九
月十日

六十九

汤夫人左右:

前得手书,未生辈行期未定,廖则终日默默,故未作复,近想仍旧家居。自筹安议起后,颇闻上海人情惶扰,近则北京风声亦急,南方可知。两日中连接浙中友人电报问安,盖讹传吾已死也。此虽虚语,然事实亦不相远。吾人生死问题,正如鸡在庖厨,坐待鼎镬,唯静听之而已,必不委曲迁就,自丧名检也。此问起居清胜。

炳麟鞠躬

(1915 年九十月间)

正书又得手笔,对联曾书一小件,君可随意与人。其六尺中堂、六尺单条,君可着藏之,切勿与人也。

炳麟又白

湯夫人先生台鑒手書承悉舉行期未定影

助終日默々故未作覆近想仍舊寄居月

籌安商議起必致閣上海人情埋擾近好北

京尊聲如意南方可知兩口中連接所中文

人電報問多蓋溺伯音已死也此雜虛語

松軍實太不相遠吾人生死問頗正如此

互危刻笵忖界懷作韻藏之而已女不要曲

遂我月袋名撿也此閣起原清勝炳群蜀船

正書又得手筆對聯萬言一小件君可

隨意與人玩小大中堂二尺單保君可量

藏々切切與人記好禱々

○七十

汤夫人左右：

得明片，知脑病又作，不知疗治稍愈否？久欲作字一纸以寄君，近已写就，而苦于难寄，不胜怅然。时事日亟，清臣陆润庠[1]尚以乱投汤剂自裁，况稍矫矫者乎？吾辈意为此于所忌，大约必不能生存矣。吾若强死于北，君必不能独生于南。总共岁寒，独在临了一著耳。未生、廖君半月后便可南归，然亦恐其濡滞耳。人生生死虽难知，而身体终当卫养，勿遂自弃。此又苦口劝君语也。书此敬问起居。

炳麟鞠躬

十月十三日（1915年）

---

① 陆润庠（1841-1915），字凤石，号云洒、固叟，苏州人。同治十三年状元。历官国子监祭酒、山东学政、工部尚书、吏部尚书、东阁大学士、体仁阁大学士等。皇族内阁成立时，任弼德院院长。辛亥后留清宫，继续教授废帝溥仪读书。

陽夫八五有得朗片知腦病又作不知
殊深稍愈否大粒作字一紙以寄不近
已寬就如苦于難寄不勝憮然時事
日逼靖匡陸沈兩以亂投湯斷向裁
沈精娟婚弟于吾輩表多此子行忍大
約又不能生存矢吾妻好死于此居必不
妙獨生于菊鬼共藏束獨在臨于一著
耳未生多君半月便可南歸此夾怒
其需佛耳人生生死邻難知如身體終
蕩衡善勿家門弔此又者口枕君塔也
書此敬問起居　炳麟頓　十月十三

272

七十一

汤夫人左右：

　　得十五日书，知方剂已配，不知能有小效否？两三月以来，治病颇得手，而救济之心亦益切。措方外科本无经验，以理夺之此方当有效耳。所需手书，天寒未能如意，稍迟必当报命。廖君闻开吊事毕即归沪同住，以国文、英文为勉。此女平生未知忧患，迩来年向长成，当知人生不易。已作书劝勉之。君处逆境，亲尝艰辛之味，现身说法，最为有效。母仪之责，君能任之，庶可分我操心也。闻未生已将卖书赢余五百圆交上，未审足支半年开销否？《张伯纯事略》已收到，近正勉力欲为作诔一篇，以尽死生之谊。此外尚有《陶焕卿^①碑》，亦欲作而未就，半由心绪恶劣，然必勉强赴之。来书书作"张伯诚"者，误也。吾寓称"荔汉章寓""荔"字音倬，君作书作"葑汉"，亦误也。书此敬候起居万福。

炳麟鞠躬

（十月）二十一日（1915 年）

---

① 陶焕卿，即陶成章（1878-1912），字焕卿，号陶尔山人，浙江绍兴人。早岁即立志反清，两次赴京试图刺杀慈禧太后。后东渡日本研习陆军，归国后四处奔走，联络志士，奔走革命。1904 年，与龚宝铨等上海组织光复会，推蔡元培为会长。武昌起义，杭州光复，被举为浙江军政府总参议，参与江浙联军攻克南京之役，并积极筹划北伐。1912 年 1 月 14 日，被陈其美指使蒋介石等暗杀。

湯夫人君右得十五日書知尊已配已不知能有

小效在兩三月以來始病既得手力救濟之心亦

蓋切借于外科未無經驗以強度之要不第有於

耳所需手青天寒未能如意猜進必需報命

參見聞開卞章畢即歸浣同住以圖文英

文為勉子女于生未知愛患通來丰句承成

皆和人生不易已快言勸勉之君慶遠境親

書報言之味現身說法敝為有敬母儀之責

275

君能任之庶可分我噪心也用宋生己附卖书赢

徐立下国又上未当之文革年閒館书張印

纯事略己收附近正勉力然为休诔一篇以来

死生之谊并小与有陶焕卿辉亦新休亦未就

半由心怀恶务会必勉孖起之来书青休張

伯訹者诶也兵客題萄漢章寄萄章音俸君

昔作莳漢未误也书手牧偏起届多珈好铸钧

邪

二十六

七十二

汤夫人左右：

得照相四片，识君憔悴，前寄一书，不知已收到否？大意劝君不必教授，徒自损神。上海所存一款，俟期满后即可支用。廖君下月约可回沪，与君为伴，庶可破寂寥。人生聚散，本自难知，大抵当如死灰槁木，念念以败为期。乱世之人，本无可信，有时不得不相委任，而不可永远任之。虽亲交密戚，皆当作如是观。仆之此心，君亦宜效。书此即问起居万福。

炳麟鞠躬

（十月）廿三日（1915 年）

湯夫人左右得照相四片讌君憤悴

世寄一肯不知已收到否大意勸君不

必教授後月挾神上海可蒞一欵候

烱滿後即可支用參君下月約可回

滬奧君為伴庶可微寂寞一二人生

聚散本為難知大抵貴如死否棄不

念左敗為期亂世三人本無可倚

有時不得不糊委任句不可永遠任之

張親文密誠皆作如是觀僕之此

心君亦空窺盲此即問起居芳

福 烱麟拍郎 廿二日

七十三

汤夫人左右：

　　未生、廖君于阳历十一月初二回沪，附上人参须四匣、白木耳一匣，君试试味之。时事日危，早晚将有变动。君欲迁杭之说，此时且缓，盖上海究视杭城为安也。廖君随君读书，亦不寂寥。如欲至杭，与家兄嫂辈相见，亦不妨，但杭地万不可住耳。家用如缺，所存余款径可支用，此时不须为久计也。书二纸交廖君带上，君藏之，何如？

炳麟上

（十一月）初一日（1915年）

滿夫人左右 来生寄君手陽曆十○月初二四泥

附上人参须四匣白木耳一匣君試味之时事

日危早晚街市喧动君欲遷杭之说此时且

後蓋上海实况杭城为多也昨晨随君读古本

不宜案如欲迁杭实家兄嫂单如见水不好但

杭地萬不可往兄家用如甚而在杭款便可支

用此附不须為之计如甚四二纸文寄君票上兄

藏〈付如好妙日

                初下

七十四

汤夫人左右：

　　昨得廖君来函，骇悉太夫人于初六日仙逝，药物无灵，不胜惨悼。君之哀感，异地所知，独念时事变迁，山川修阻，不能身与执绋，慰君哀念，自愧而已。愿与令弟妹节哀顺礼，以俟清宁，余不敢多言也。本欲作挽障寄南，以重滞难寄，但致银币什圆，接到后望备置挽障，或祭奠等品，随宜施之。仆今身体尚安，请勿悬念。君在哀中，亦宜略近药饵。此问礼安，不具。

炳麟鞠躬

二月十六日（1916 年）

湯夫人左右昨得寄君來函聞卷太夫人于和六日仙
逝萬物芸靈不勝慘悼念京感異地所知獨念
時事變遷山川阻隔不能身奠執紼尉盡哀念
自愧而止顧與令弟妹節哀順理以保清寧鑒
不敢多言也本欲作輓聯寄南以重溘逝寄但
致銀幣竹園搭到乞望備盡輓聯或祭英等
略隨宜施之懷今卿方多諸勿悲念恐互在
中女宜晰此寮餉此間神男不并炳麟復那
　　　　　　　　　　　　　　　　二月
　　　　　　　　　　　　　　　　廿六

七十五

汤夫人左右：

荐得赴函，即寄书一封，赙仪十圆，由廖君处转递（以乌镇不通邮汇故），想已收到。君自遭悯以来，身体能不受损否？天时渐暖，以去岁风温过度，京师时疫甚多，想南方亦同此病，务宜时节寒温，兼服芦菔、橄榄、盐汤诸物，亦防时气。自我不见，于今三年，但望善自珍摄，卫养形躯，则鄙意慰矣。吾今亦无他事，外来警报颇亦闻知，唯与学者数人讨论玄远，以待时清而已。丧纪之中，想君不欲多语，仍愿时与手书，慰我劳念，以君在恤，书此白纸为笺，兼问令弟妹礼中安否。

炳麟鞠躬

二月二十七日（1916 年）

再，荐得赴函，因挽障等物难于邮寄，故以赙仪十圆寄去。其夕得书，知丧仪已办，挽祭等事，不厌多涂。随君调度得宜耳。又白。

湯夫人左右寄得述南郡等書一封時儀十圓内

寄界處封遞以易錢不逮郵匯如想已收盼春仙遞懇以來矣

體鮮不爱損玉天時漸煖小心在戒以溫過度矣

師附疾甚多想南方亦同此病務宜時節寒

溫原郡盧蕭撤棧鹽湯諸物小防時气自戒

不見于今三手世望華伯珍攝斷苕升驅行

郡心慰矣吾今亦無他事外來雜報頤夫間

知心實容若對人談論玄遠一詩時清如已裝

化工中把天亦欲多誘仍欲時寄予吾屬

秋姊念以尽至恒吉此自终为眷属问合

弟妹神中劳

　　怅惘勤那　三月二十八

再弟得赵回国乾障等物那千邮寄报以

赠仪十圆寄七廿夕将有知表仪已辨赣

各等事不厌多涂随石朗庚得空再文白

七十六

汤夫人左右：

前日寄去乌镇一函，未知收到与否？君今日是否已归上海？天气渐暖，卫生须慎。廖君在沪，想能读书。兹有友人尹维峻 [①] 将归上海，其家裘氏箱笼物件先次寄归，欲在吾家暂时顿置，如有余地，可将此件代存也。书此即颂起居万福。

炳麟鞠躬

三月四日（1916 年）

---

① 尹维峻（1896-1919），浙江嵊县人，九岁时就跟随姐姐尹锐志奔走革命，姐妹俩均为光复会杰出成员，积极参与上海、杭州光复，并筹组北伐光复军。入民国，任总统府顾问。1914 年与光复会同志裘绍结婚。

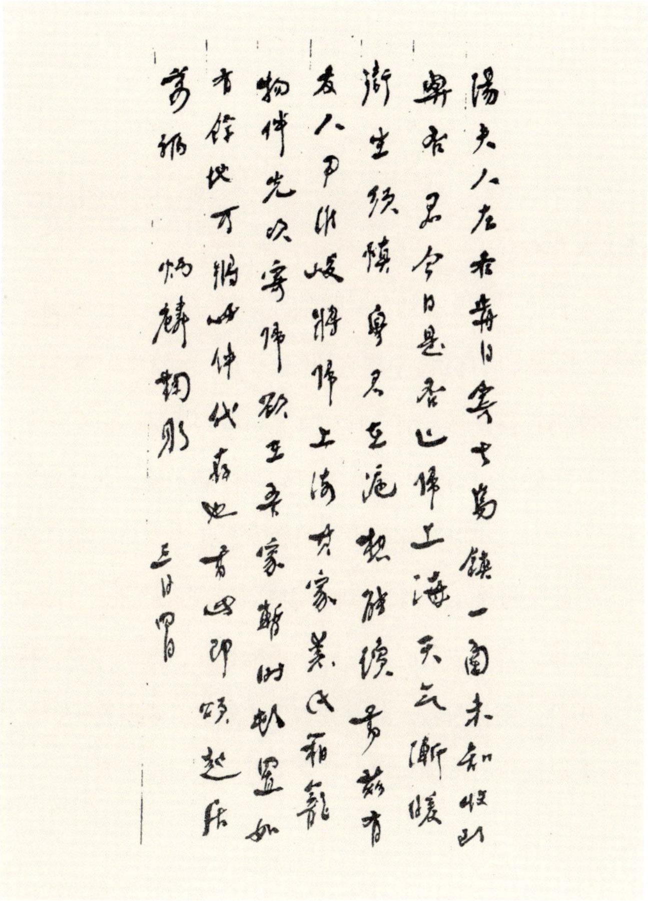
湯夫人左右：壽日寄上蜀錦一匹，未知收到與否。君今日是否已歸上海？天氣漸暖，衛生須慎。導兒在滬，想能健。吾蘇有友人月內將歸上海，其家業已箱籠物件先以寄歸，欲在其家暫時放置。如有餘地，可將此件代存也。有此，即頌起居萬福。炳麟頓首。三日冒

七十七

汤夫人左右：

　　十日寄去诔文一通，并张伯纯诔文一通，想已收到。开吊之日，想君即回乌镇，事毕宜速归沪，廖入学堂学习英文，甚好。但国文仍宜自修。吾前令其在家兄处取银十圆，以购《资治通鉴》，未知其已得否？此女平日好观俗陋小说，此最有害。如能学习诗词，可以改移其志。君宜有心化导之也。京城喉症甚多，恐此又将染及上海，芦菔、盐橄榄等日日需服。猝遇此病，施治甚难，宜用去殼巴豆二粒，用棉裹好，塞于鼻孔，待喉中恶血破裂，则为可救。此事并告未生知之。未既在沪，附书与之。若已回杭，不须转寄，焚之可也。此问起居万福。

炳麟鞠躬

三月十五日（1916 年）

湯夫八左九十日寄去錄文一通詒張伯純誅

文一通想已將此閱畢二日想不即因島鑲

幸翠室遠師滬粵入學查學習英文甚

好但園文仍宜有修吾弟今其生家見處

故銀十圓以嬌噴沁通餞末乞其已得各

此女平日如觀偽隔小況此甚有守此新學

習诗词可以政移吋志兄室言以他事二也

京城候代書多然此文物染及上阇蒉嚴

289

鹽藏稅等口。需服辭迪此病地治甚歉宜

明之故巴丘二粒用辣束如棗子鼻此待噴

中芎血破彆約為可收此事异告未生

之余陸立陸附書尋之吾已回杭不须射

守某之可也此例越信奇祠　炳麟頓首

三月十五日

七十八

汤夫人左右：

得书知家道日乏，吾此时光景亦难。盖北京必有兵变，彼时食物必贵，故不得不预备资粮耳。今由正金银河汇上中国银币五百圆，即望检取。家中用度不得不谋节省。此五百圆想可用三月。过三月后，时局必已变。如再穷乏，上海存款不得不取矣。此问起居万福。

炳麟鞠躬

四月初六日（1916 年）

满夫人左右书未复适日言及

此时光景亦难定此事必有异

变似时食物收贵故不得不领

备资粮平今由正金银行汇

上申图作赊五百圆即望

检交家中即交不许不误俟

当此之日困热可用三月过三

月此时局必已变更俟再需

交上海春款不清不取余件

闲起居多福　炳麟顿首

四月初七日

七十九

汤夫人左右：

　　得手书，知家道窘乏，昨已在正金汇银五百圆，其信想不日可到矣。北方恐有兵变之祸。吾在此亦不得不稍备资粮。此五百圆总堪用三四月，过此时局必变矣。家中亦须稍作节省，以乱世得钱不易也。杭州万不必去，因见报章浙中亦未必平稳耳。别书与未生，望转寄。此问起居万福。

炳麟鞠躬

（四月）七日（1916 年）

暘夫仁兄 未得手書知家遣寬定外之意

正金匯銀五百圓其餘擬託日本劦會

方恐有异變之稱吾二四共以謂不預備資

糧四五下圓總揆用三四月過此時局必變

失家中亦須稍稍節省八擬世得餘矣

易地杭州可不必若因報章術中夫未

不平穩乎剡言罪未生望轉壽此間迺

佐弟邦柄辟鞠躬 七日

汤夫人左右：

　　得手书，知汇款已到，而家用难省。仆思此事不在一人布衣蔬食，大抵下人买物，须检核耳。廖既渐向老成，亦肯读书，吾心甚慰。所需书籍，廿四史须百圆可备。一时亦难穷览，石印《资治通鉴》不过七八圆，穷览亦易。决购《通鉴》为要。浙事详细未知，亦属未生手写一信，由君加封寄来，或令廖问尹维峻亦可也。

炳麟鞠躬

1916 年 4 月 20 日

湯夫人在滬承示知距新正即布家用錢

甚鉅惟此事不立一八布未蔬食大抵下

人買物經檢點殺可事況漸自充盈在吾

讀書喜心甚辭而需古籍廿四只錄百

圖可備一時求非實暇石叩咨近道俗

不逞久八圓霄晚亦易流滀遁俗为安淅

車評切未知室屬未生手寄一代四只如

勘事來故今要問甲兆峻立

炳麟拍朋

八十一

汤夫人左右：

本月十八日，以日本川田医院介绍，至天津公立医院治病，将上汽车，有数人蜂拥而至，云"汝欠我债"。十数警察随之，拥至巡警总厅。警官出见，吾曰："汝辈真不晓死活，今何时，尚与人结怨耶？"警官口称："但知奉大总统令，所以不欲正式干预，而以欠债为名者，即此故；若不肯，亦唯有正式干预耳。"吾曰："任汝正式干预，他日自有正式干预汝辈者。"警官乃挽铁道人员恳求还家，归则警察复守门矣。吴炳湘[①]名在罪魁，兵在其颈，而抵死不寤，此辈颇与义和团同术。吾此次亦任彼胡闹，明知彼辈必不能久耳。观其情态，终究怯弱，而尤赖亦较前为甚。身畔一玉一戒指，临时劫去。其后警察不

---

① 吴炳湘，京师警察总监。

但守门而已，有时且趋入中堂。似此目无法纪，亦其自知不久之征也。吾诸弟朋友，各自精进努力为要。

炳麟鞠躬

（五月）二十九日（1916年）

昜去八点半本月十八日未到田
醫院介紹至天津下王醫院治病
將上汽車有數人蜂擁而至長汝
久我儀十數聲察隨之撮去巡警
現廠警官出見曾曰此事真不曉
孔语令何时若再入続独耶警官
此稱從知奉大總統令而以不殺匹
武于豫而以久儀為不者即为中

技弟不肯出皆市正武于豫乎五日

相汝正武于豫他日自有市正武于豫

安辈皆转官乃乾戗違八员颇

未遵家师为弊窠後守阳矣吴

炳卿名立罪魁并立乓弑乃抵私

不辞此辈跋武义和团同術

吾此以亦任彼邦關明知诚辈

于不能久乎

觀世情整况究

怯弱而举措亦复苟为忧身哮一五
或指临时切之名尚举牢不供
守门而已有此上趨○中墨似乎
日世汉○他亦千百无不久之谢地
考诸等物发者自精進努力为
要枋体朝脉

二十八日

八十二

汤夫人左右：

得二十三日信后，即付复函，未知已接到否？近日警匪行径，亦与从前大略相似，都城唯是麻木气象，人人皆送眷至天津而已。逆渠^①感愤成疾，已不起床，今之伪令，又其子为之。闻其尚欲主战，不过送死耳。淞沪各军，彼令直讨浙江，想亦

---

① 逆渠，指袁世凯。

无能为也。家用穷乏，宜提存款。如又不能，向溥泉^①设法借贷为宜。沈贵^②与警匪交通，前者出京被拦，即由彼作暗线，业已闻。惟恐其又到上海，如到，当属未生带去，严加处治。

炳麟白

（1916年5月底或6月初）

---

① 溥泉，即张继（1882-1947），字溥泉，河北沧县人。早岁就读保定莲池书院，后留学日本。1903年回国，与章太炎结拜为兄弟，担任爱国学社教员，为《苏报》撰稿。1905年在东京加入同盟会，任《民报》发行人、编辑人。1908年转赴法国，与李石曾、吴稚晖合办《新世纪》，宣传无政府主义。入民国，积极参与同盟会改组国民党的活动，为国民党元老之一。

② 沈贵，章太炎身边仆人。

汤夫人左右得二十三日书後即付邮而未知已

挂到否连日热酲汗涔亦郁蒸苦大暑相侣都城盛

此处麻木之象人人皆退尽包乾坤而已逆旅盛

懐欲燬也小迟味含之偶今之其子为之闷廿为

寂主教不過送天可松沪来军浪人直汝斯仁

如亦半辙为如家用宽今全楼存於如之义钱

向海泉设计代货为空沈责弊弊跡英遠寓

者出半取闭印电波作暗练业已開惟跡共

文到上海如约西属未小黄 农加虔祈悦神石

八十三

汤夫人左右：

曾已寄过两书，想可收到。此事因沈贵交通警察，以作暗线，现已回复。彼或到沪，□交未生带去，严办而已。昨者，袁酋①殒命，今日黎翁②就职。然吾家门禁未解，盖一时亦不暇思此也。家用窘乏，可提银行存款。此时南北汇通已绝，得一钱则过一天耳。《丛书》③再版，可嘱未生直寻心如取利，当时言定三分取一，按照此数，想亦不少也。此问起居万福。

炳麟鞠躬

六月七日（1916 年）

---

① 袁酋，指袁世凯。
② 黎翁，指黎元洪。
③ 《丛书》，指《章氏丛书》。

陽未久左右甯一字速向告想可收此四事內沈憂之

匝然索以作琺瑯玻已四廢派成防池喧交未甚甯

大康樹也此師者亲有孩布今n希咨郄職尚丹

客門禁未解蓋一時亦不服只此也家用宽n可

擬飭行抬欵此時甯水匯盡已迨得一俟的過一

大月賣青再版可暢未甚立寻心如取利甯付

古又三字加一抺此中數熟未不少也此問遲

斫芎拓烱麟朔影 平廿日

八十四

汤夫人左右：

七日黎公就职，即作书请见，并求解禁。黎本善人，于吾亦非无感情也（前事问尹维峻自知），即谕内务部总长王揖唐①传偷撤警。王答以"太炎在此颇安，今者大局未定，恐人害彼，不如仍旧保护，加以优待"云云。故至今未得撤警。夫本无祸患而云防害，囚虏待人而云优待，禁止行动而云保护，小人蒙蔽之言，于斯极矣。乃王忽挽钱念劬作书与巡警厅撤警，又挽康心孚集门下诸生作书，盖不欲以撤警之权归之总统，而欲自操其柄，得以操纵自如，名撤而实不撤也。迨

---

① 王揖唐（1877-1948），合肥人，清末最后一科进士，并授予兵部主事。后留学日本习军事，归国后历任东三省督练处参议、陆军协统。入民国，任军咨府军咨使、总统府秘书、参议、顾问、陆军中将、参政院参政、总统府咨议、内务部总长等。

先知之，告诸生弗作信，而念劬信已写去，亦竟无效（念劬本吾旧友，其人尚有朋友交情。但向来办事糊涂，且染官僚之气耳，幸弗痛诋）。闻君又致电黎公，恐亦无效。王揖唐从中阻挠，黎公无可奈何也。即不明言阻挠，而阳奉阴违，黎公不能调查也（黎设公府于东厂胡同，去钱粮胡同不过半里耳。其隔如胡越矣）。此事以一人言之无效，以门下诸生言之亦无效，君果有意，宜嘱维峻[①]、未生告浙都督吕公望[②]作一电，再附浙中将吏、名士数人，宜可有益。浙已取消独

---

① 维峻，指尹维峻。

② 吕公望（1879-1954），字戴之，浙江永康人。早年参加光复会，毕业于保定军校。辛亥时参与杭州光复，以及攻克南京之役。入民国，历任浙军第十一协协统、浙军第六师师长、嘉湖镇守使。护国战争时，在浙江宣布独立，起兵讨袁，被推为浙江督军兼省长。

立，与前此屈映光^①发电自殊，唯不可以褚辅成^②同举。盖褚案须俟大赦党人，而吾事片言可解也。议长汤化龙^③，君亦宜往见。

十二日（1916 年 6 月）

---

① 屈映光（1881-1973），字文六，法名法贤，浙江临海人。早年与秋瑾、徐锡麟等人一起投身反清革命。辛亥时参与杭州光复之役，任兵站司令。入民国，历任浙省都督府民政司长、内务司长、民政长。袁世凯称帝，浙省宣布独立，被推为浙省都督。

② 褚辅成（1873-1948），字慧僧，一作惠生，浙江嘉兴人。早岁留学日本，习警政。回国后任浙省咨议局议员。入民国，任浙省参议会议长，浙省军政府参事，第一届国会众议院议员。

③ 汤化龙（1874-1918），字济武，湖北浠水人。光绪进士，又毕业于日本法政大学。1908 年回国，历任湖北省咨议局议长，各省咨议局联合会会议主席，组织领导了国会请愿运动。武昌起义爆发，参与组织湖北省军政府，任民政总长，并通电各省咨议局响应。入民国，出任北京临时参议院副议长、众议院议长。1914 年任教育总长。

湯夫人左右。七日黎心軋緘即作書諸兄等求解

禁黎本甚八千要亦以與感悵也蒙事問尹即諭

內務邸澳名王捐席侍諭撤彎王答以太炎

立此頗為今省大局未定恐人出不如仍留侍

謹如俊詩云技此今未得撤彎夫未去私是也

去防宗因虜詩人而俊詩動而云體護

小人象威二言斯棍夫乃王忽挑錢金勁休

古與此卿康要忍撤塔子綻康心手集門下

諸七休古蓋不欲一撤矣之横師之澳仗而

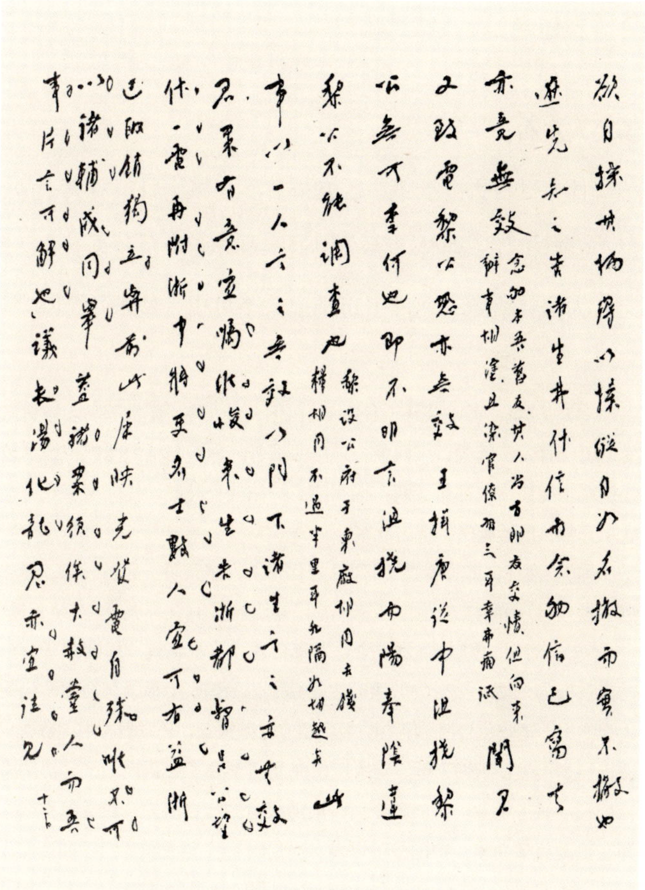

昨日採辦場廠以採礦日少名掩而實不掩也

遂先知之青備生弁什役而余勿信已寫去

亦竟無效念加本兵舊友共八岩書期友交情世向來

之致電黎公恐亦未致王楫庚諮中述撥黎

仍無不幸何也即不言迤撫布陽春陵遠

黎公不能調查巴黎設公府于東廠衚衕本後

辦專相同不逾半里而九隔此切迤迤去

事八一人六三夷狄八門下諸生六三夷狄交攻

足果有竟宣焖亦必未生去浙都督具望

休一電再附浙中雖有名士數人宜丁有益浙

已阻備鈞立異否此原映光從電自�|味此不可

諸輔成同舉蓋諸梁以統俠大救童人而兵

事片言不解此議長湯化乱忍亦宜往允

十六

八十五

汤夫人左右：

　　廿七日自香港抵肇，已发一片。在肇十日，观其大势，陆督①已可接任。西林②不久引退，吾亦于今日备南行矣。睹雪兄③为西林所重，而以事将结束，不可引人使来。至陆督，性

---

　　① 陆督，即陆荣廷（1859-1928），人称"陆武鸣"。游勇出身，受诏历任管带、统领、广西提督、广西都督。后参与组织两广护国军务院，任抚军。旋任广东都督、两广巡阅使。护法战争开始，任广州军政府粤湘桂联军元帅，出兵湖南，抗击北军。

　　② 西林，即岑春煊（1861-1933），字云阶，另名云霭、春泽，号炯堂老人，广西西林人，因而又被称为"岑西林"，其父岑毓英，官至云贵总督。

　　③ 雪兄，似为徐勤。徐勤为康有为"万木草堂"早期弟子，与康有为关系极为密切，被誉为"康门之子路"。1895年奉康有为之命代为主持《强学报》笔政；1896年协助梁启超《时务报》，并发表《中国除害议》，抨击科举制度。1897年，与康广仁在澳门创办《知新报》，又协助梁启超主持长沙时务学堂。戊戌政变后，追随康有为流亡海外。袁世凯称帝，蔡锷等在云南首举义旗，护国战争爆发。当是时，徐勤也和会党领袖合作，组织广东全省护国军，自任总司令，由此引起两广都司令岑春煊注意，进而援引。

情果断，凡事取决于心，其祕书皆承旨作文，并无自发主意者。行严①云观云②往彼，恐不相宜。行严仍欲发行《甲寅》杂志，欲请观云担任，未知其意可否。家中用度，想不缺乏。书款仍宜注意鞭策。此问起居万福。

炳麟鞠躬

初五日（1916年9月）

肇庆山水碓秀，在此数日，游览颇快，故身体变好。又白

据杭州名人纪念馆提供手稿。

---

① 行严，即章士钊（1881-1973），字行严，笔名黄中黄、青桐、秋桐，湖南善化人。担任《苏报》主笔时与章太炎过往甚密，并相互结拜为兄弟。《苏报》案发生后，侥幸逃脱，先后留学日本、英国，习法律、政治、逻辑学。入民国，受邀任《民立报》主笔，为民初最有影响力的政论家之一。宋案发生后，奉孙中山之命，联合岑春煊反袁，任讨袁军秘书长。二次革命失败后，亡命日本，在东京创办《甲寅》，继续反袁，后出任在肇庆成立的以反袁为诉求的军务院秘书长，兼两广都督司令部秘书长。

② 观云，即蒋智由，前面已有注释。

陽夫人左右廿七日自香港抵滬已
擬一往至滬十日觀其大執陸智
出了接任而林不久到滬亦于今
日倘南行甚趣乾雲見為西林所重而
以吾游情來不可以人侵來上陸智
性情果斷凡事似沒于心其秋吾吾
弟甚休之益當自發主意者行嚴云
敬事注波呢不和宜行嚴仍秋嫡行

甲寅孫詒讓詩龕書握仕未和此書

可否字中甲庚相和不知今春歆仰

立注素糠策此開起右為病後殘

韻耶

初二日

聲廣山小妝秀至此數日將暗

明怡桂丹器本田水心

八十六

汤夫人左右:

阳九月十五日安抵香港,两三日后当往暹罗一行。《章氏丛书》纸版既已归我,则操纵可以自由,前云四千部三千圆之说,既未明订契约,彼中亦不肯一次交租,尽可作废。據行严言,若欲租版,不如向商务印书馆议之,或不至欺人太甚。因行严与商务印书馆有关系,其言当能有效。彼两三日后亦即归上海矣。今作委任书一纸,予以轻交也。

炳麟白

十五(1916 年 9 月)

行严驻霞飞路四百五十号西字吴宅

据杭州名人纪念馆提供手稿

汤克八兄本阳九月十五日岁稅吾浩

雨三日滂霈比遇霖一汗章元尚

吉泒猴已保致防操纵可以自

由首云四千部三千圆三说珠主

朋订契约彼此亦不百一次交和

俟可代历搽汗老吉若敨祖

版及如向商務印書館議之我

不足於人本意因行巖守商務

印書館古閣係某之管理古敦

很兩三日必來印歸上海兄今作

垂任書一紙可以刻交也煩弟向

行嚴駐霞飛路四百五十號西愛咸

八十七

汤夫人左右：

到肇后已发一书，及出港又发一书，今日吉宾到港，接得手书，乃知二信皆未接到。仆三日后即可往新加坡。两月之期，或有蹉跎，然亦不过逗留两三礼拜耳。读君诗什，悽怆动人。然今总宜调养躯体为要。《章氏丛书》前此与心如^①交涉，虽有四千部之说，而彼不肯一时交款，此说自当作罢，心如何能妄行干涉？君宜慎守纸版而已。行严云不如租与商务印书馆，盖行严与商务相识，交涉当有便利。此事恐君一人力有不及，故今以委托书与行严，由君亲与彼也。

炳麟白

二十一日（1917年7月）

再，著作权须报部立案，此事亦可委托行严。

据杭州名人纪念馆提供手稿

---

① 心如，即康心如。

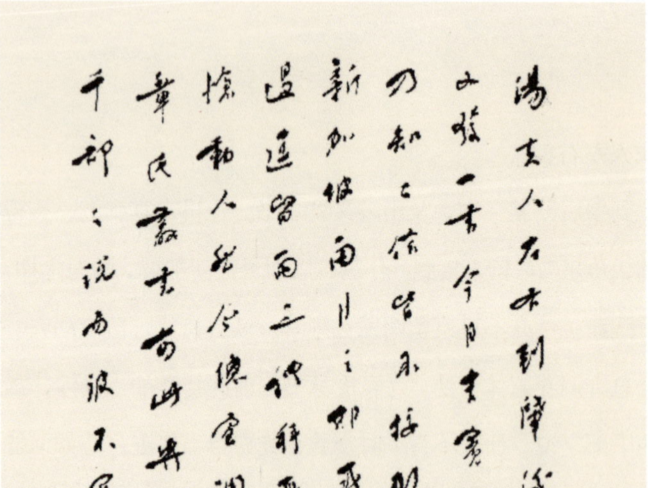

白首作郎心亦何恨安行千涉見宜

惧守仮顧口也行君云不必郎事宜

楮印書館盖行教堂需於都識

古浄音古便到此手興圓一人仍

有正及任今以手札書并行君日口

积主身泊可此怅秩口十八

每晉作楷須報部並集此事求必

手札行教

八十八

汤夫人左右：

十三日抵粤，已发一电，想已接到。近住黄埔公园，中山^①与海军亦至，六省联合早可成，因粤督欲推干卿^②为主，三电云南，皆不见复。彼辈不知唐、陆^③同功，莫肯相下，而欲以一人专主，宜其寡助也。中山到后或可将此解决，近正在筹划中也。炎暑，安神自摄为要。

炳麟白

二十一日（1917 年 7 月）

别致精卫^④一书，请少黄带去。

---

① 中山，即孙中山。

② 干卿，即陆荣廷，字干卿，前面已有注释。

③ 唐，即唐继尧，陆，即陆荣廷。

④ 精卫，即汪精卫。

八十九

汤夫人左右:

前月十三日到粤，曾发一电，后又连致两函。昨日协和^①来，转达君言，云信未接到。此间亦未得君一函，想信被检查之故。故今特由日本邮局送去，想可收到。仆住广州城外长堤实业团，身体尚好。家中想亦平安。手此，即问起居。

炳麟白

八月六日（1917年）

据杭州名人纪念馆提供手稿。

---

① 协和，即李烈钧（1882-1946），原名列训，又名协和，字侠如，号侠黄，江西九江人，时任孙中山广东军政府总参谋长。

润生八兄本念日十三日到圆 黄发一电

及文连收雨函此日协和来到连

兄言云信未接到此间六未详兄一

一面托信报检查之故故今特电日

本邮局送去帜可取即偿住广州

城外兵队实业图身帜去如家中想

咪嵋 手呼即问起居 炳链弟 上八月六日

○九十

汤夫人左右：

　　接阴历七月六日书，具悉。今日军政府案已通过，着手举大元帅，大约中山必可当选。但出军计划，仍未确定。粤人见识颇狭，此为虑耳。仆近日身体如常，日餐肉桂。（前此张白田 [①] 所赠。安南肉桂，此为上品，一两至七八十圆。此间所用，则六七圆一两。）家中安否？衣服宜常晒晾。阿导 [②] 闻已能走。阴历八九月间，宜为种牛痘也，此间此居万福。

炳麟白

九月一号（1917 年）

据杭州名人纪念馆提供手稿。

---

① 张白田，人名，不详。
② 章导，章太炎与汤国梨之子。

湯亥人左右接陰歷六月六日

古具悉今日軍政府業已通

過著手籌畫元帥大約中山

必可當選但此軍計畫何

未辦定圉人見識頗狼此

尚實耳儂近日身體如常

日譽田桂 ......

中圍此閒兩兩用以 ......
六大圍一兩 ......

室常睡睌 阿尊閒己歆走陰

歷八九日閒室内掇牛痕地

此閒起店等物 炳祿白

九月一號

327

九十一

汤夫人左右:

前日又上一函，想已收到。长庚来言，家中只有一百余圆，须汇款接济，此恐一时不审之言。前此去家之时，曾交三千九百圆纸票，其二千圆系去年向少川^①借得者，不妨暂存银行。其一千九百圆，乃今年黎、孙^②所赠，尽可支用，不必过于保守也，此问起居，不具。

炳麟白

九月三日（1917年）

据杭州名人纪念馆提供手稿。

---

① 少川，即唐绍仪（1862-1938），字少川，广东香山人。1874年第三批留美幼童，后入哥伦比亚大学，1881年归国。追随袁世凯出任驻朝鲜汉城领事，驻朝鲜总领事。武昌起义爆发后，任北方议和代表。入民国，为第一任内阁总理，很快因与袁世凯政见不合而辞职。1917年，南下参加护法运动。翌年，被推为南方军政府七总裁之一。

② 黎，即黎元洪；孙，即孙中山。

汤东人左右 前日之十一日股已收到

来京家中报告一百余圆须

随款结清 此迟一时未审之言前

此去家三内营安三千九百圆底票。

共二千圆偿人之 向少川借详者。不

好聊打银行庆一千八百圆乃今年

邮保有嫂偿可支用 不必连手偿守如

此问起居不具

　　　　　　　　恺弟白

　　　　　　　　十月三日

329

九十二

汤夫人左右：

廿七日到滇，曾发一电。句留数日，亦当小作敖游。滇池之胜，殊不称意，唯黑龙潭有唐梅宋柏耳。唐帅[1]已受印，刻将出发。川滇正在调和，大约必有好结果也。此问起居万福。

炳麟白

民国六年十月九日（1917 年）

据杭州名人纪念馆提供手稿

---

[1] 唐帅，即唐继尧。

湯克八尺在本廿七日到滬曾發一電

勾留數日赤豐小住敦游滬地之

勝殊不稱意此里龍潭方廣將

宗栢耳鹿師山愛印刻將去發

川濱王壬調和不行必有好信來

足下門起居萬福　炳棣白

民國六年十月九日

九十三

汤夫人左右:

得九月十日并二十日手书，具悉导病。延筱崎医诊，当已勿药。家中诸事，想皆妥适。仆近稍有胃病，以牛乳、鸡汁为常餐。大军即当出发，川中已获胜，仆亦偕军司令部入川矣。此问起居万福。

炳麟鞠躬

中华民国六年十月三十日（1917年）

据杭州名人纪念馆提供手稿

滿六八左右将九月十日廿三日至

古夫燕孛病延篠崎醫治告已

力莱家中諸事既甚妥適僕延為

吾里病八牛乳郭汁肉牟餐大軍

卽責士發川中山獲腸供大借軍

習仏新入川笑此問延居方孤助旅

翰邸

中華民國八年十月三十日

九十四

汤夫人左右：

十一月四号发云南，连行十栈，一路皆童山赤土。过可渡，抵贵州境，山始有青色，而盛宁州甚有扬子江一带气象，过此则转近四川，与家乡风味渐近矣。途中虽稍劳悴，而因山行轿动，胃病遂愈，堪以告慰。长沙傅良佐[①]虽逃，实北军自相攻声，祸犹未已。滇军在川东一带，转战速捷，十七日拔合江，北军已在瓮中。再出则永川、江津易于得手，而重庆可取矣。蔡济

① 傅良佐（1873-1924），字清节，湖南吉首人。早岁入北洋武备学堂，后留学日本习军事，与蔡锷、蒋方震同学，回国后供职近畿军队，为段祺瑞所宠信，与靳云鹏、徐树铮、吴光新并列为段氏门下"四大金刚"之一。1917年，授"冠威将军"，晋陆军上将，任湖南督军。稍后，在与陆荣廷旧桂系作战中败北，退出湖南。

民^①、谭石屏^②皆吾好友。济民（字幼襄）前求唐帅接济银圆，已嘱参谋处汇三千圆，未知到否？蔡近住宝康里，无事亦可请谈诸事，不必为他人道也，导儿并好。

炳麟白

十九日（1917 年 11 月）

据杭州名人纪念馆提供手稿

---

① 蔡济民（1886-1919），原名国祯，字香圃、幼襄，湖北黄陂人。早岁投身湖北新军，历任司务长、排长。后加入日知会、共进会、文学社、群治学社，以及同盟会，任同盟会湖北分会参议部长。1911 年 10 月 10 日晚，率二十九标士兵起义，占领楚望台军械库，协同进攻湖广总督署。稍后，历任湖北军政府军务部参议长、各部总稽查长等。入民国，授陆军中将，勋二位。宋案后，力主反袁，任湖北讨袁军司令长官。1917 年任护法军政府鄂军总司令，后任鄂西靖国军总司令。

② 谭石屏，即谭人凤（1860-1920），字石屏，号符善，晚年自号雪髯，人称谭胡子。湖南新化人。洪门出身。先后参与会党、革命党组织的多次起义。后与宋教仁发起建立同盟会中部总部，竭力谋求以"长江革命"获得突破。武昌起义爆发，一方面协助鄂军政府工作，一方面促湘军援鄂。南京临时政府成立前后，力主北伐。宋案后，力主讨袁。失败后东渡日本。1916 年回国参加护国战争、护法运动。

満吏人左右十一月四諜指雲南進行
十棧一嶠背雪山赤土遇河流披貲
州境山始有青色而威寧州甚有
陽日江一葉氣象過此約特近四川
吳家御風味漸近其塗中張稚
勞悴而因山行輒動胃病蓋慮
塘八黃領長沙傅京仍張逃寶
北軍自初攻擊靖獍未已漢軍

左川東一帶時戰連捷十七日收

復江北軍山達霞中兩出竹竹川江

津為于洪手而重慶可取矣蔡濟

民譚石屏皆亦此友濟民尚求唐鈍

楼滄鈴園此嶠若謀壹匯三千圓
(言如意)

未知動否蕘道佳賓康里無事亦可

諸凌滄事不必如他八達处吾院垂如

炳候百

十敢

九十五

汤夫人左右：

阳一月十日抵重庆，在途行二千二百里，皆系旱道，轿行一月始达。一至重庆，则天地开廓，迥与云、贵殊形矣。到后已发一电，未知收到否？本拟在家祝寿，而到重庆后一日即是生辰，军政商学各界同时祝嘏，实应接不暇也。目下成都之势，已成穷蹙，指日可取，余意欲亟下荆襄。因宜昌尚有北兵，未能造次。大约二十日后，必可破矣。家中用费，日前由唐督^①

---

① 唐督，唐继尧。

338

汇银三千，系云南省城汇去。此款到沪，或需二三十日之久。然去今十日后，亦当到也。重庆山川明秀，街市繁盛，除上海、汉口外，实无其匹。而房价便宜，较上海不过三分之一。出入需轿，用长班六名，只十八圆。生活程度较杭州尤低，而繁华反过之。一月费用，不过百圆内外。钱铺利息至一分六耗，但有两万圆，其利息足于支持两年。若上海，则非有六万圆，决不能支持一年也。闻成都城市更大，物价更贱。余意东南断非安稳地方，将来与君移家来蜀，亦有意否？且俟月后回沪，再作计划也。由重庆下宜昌三日，由宜昌下汉口三日，由汉口下上海三日，共九日。上海至重庆系上水，约须两星期。今年天气寒暖何如？煤炭少用，橄榄、芦菔多吃，是为养生之道。太夫人想亦在沪。阿导近无他恙否？此问起居万福。

炳麟鞠躬

阳一月十四日（1918年）

据杭州名人纪念馆提供手稿。

二一月內費不遇下圓由外錢價利

另五一分六兆你有南芳圓共和總

並可支持兩手美上海公那有六萬

圓波不能支持一年此開成都城

半史不知價更殘余盡東南新州

安穩如方特素无彩豪素瑪

意否此候月成四地西休計志七

日四葉口下止海三四共九八上海

正重慶修二水約緩兩芸州今年

云云寶眠行為煤業妙同機搜蓋

薇多哦生為養生之道 大夫人致

亦主港阿筆延世他意召此問

起居著祉 炳禄 敬啟

阳一月十四日

九十六

汤夫人左右：

一月十号抵重庆，即发一电，次又发一信，已否接收？滇府汇款已否收到？以后须常通信为盼。现吴光新[1]兵尚在宜昌、汉口，上游亦有北军大队，故一时未能东下。然克捷自有期也。转眼即春，少烧煤炭，多吃芦菔、橄榄为宜。

炳麟鞠躬

一月二十二日（一九一八年）

据杭州名人纪念馆提供手稿。

---

[1] 吴光新（1875-1939），字自堂，一作植堂，安徽合肥人。段祺瑞妻弟，也是段门下四大金刚之一。毕业于日本陆军士官学校，历任陆军第二十师师长、长江上游总司令、湖南督军。

滿未八左右一月十號抵重慶即稱

一電次如發一信以否接收滇廠匯

款以否收到以沒給常魚位为肦

現吳光新兵为在室高漢以出游亦

不北軍大隊枝一時未結束下礼无

捷自右姐口對眼卬秀少燒煤炭

多與廬旅橄欖为要　炳騿翔郎

一月三十三日

九十七

汤夫人左右：

前月廿二日曾寄一书，想已收到。仆至重庆已二十余日，此地书札易通，而家书不至，或懒于作字，或中途阻隔耶？川事将解，岳州亦破，唯中间宜昌、荆州一带，敌兵尚盛。天寒水涸，轮船亦不能行，故一时未能东下也。滇府所汇银圆，想已收到。冬春之间，火须少近，芦菔、橄榄宜常服，以免时疫。行严旨趣，与吾不同，少与相见为是。未生如来沪，劝其少见杂宾。谭石屏想尚在上海，此人平常来往也。导好否，此问起居万福。

炳麟鞠躬

阳二月二日（1918年）

据杭州名人纪念馆提供手稿。

湯夫人左右 荷以廿三日南寧一

書寄山收到供至本屋卅三十

餘日此地吉札馬道而家方不

正然或嫌于仕字我中塗陽隔

那川南将解岳州未破咲中間

室昌荆州一苇敵兵荒塞六寨

小澗輪松亦不軽行稅一时未稣

東下泅漢府府艇舩園枝已收

到谷香之閣火後少近蒼藏撤

橋宣傍服八宫内宬汗农弓

延岑不同少梁加名為生未

生如未屋勃女少見諄喪諄

石屏秋安不上湯此人可年未

注此等艇方吾此門

然后幕稣

恒訴稣肜

陽二月三

345

九十八

汤夫人左右：

时序迁流，又过民国七年正月矣。蜀中正暖，此时已可不用裘服矣，所谓"王九穷汉舞"也。思家之念，无日念之。想君在沪，亦甚思我。水涸船阻，中途未靖，如何如何！前寄三函，约每十日一寄，未知收到几件？重庆至沪，邮政不过半月，何以久无复音也？春气渐动，炭火少近。诸惟诊重，并问导好。

炳麟鞠躬

阴历正月三日，阳历二月十三日（1918 年）

据杭州名人纪念馆提供手稿。

湯老人左右 時序遞沭之週
民國七年正月矣 蜀中下燠
此時已可不用暑服 尖所謂
五九寒漢 亦思家之念也
日亮之 親兄左滬在甚思我
小潤弟阻中金 未詩此何以
何苦害二兩約每十四一審
未知收到幾件 重慶已通郵政
不過半月 何以久無覆音如
春文漸動 炭火少 近滿推珍
重并問寧好

陸歷正月三十
陽歷二月十二

炳祥勒報

九十九

汤夫人左右：

自初二乘轮西上，初五到汉，淹留两日，初八到湘，初九即举行考试，至十六晚出榜。目下拟过"双十节"赴汉，彼处恐尚有一星期之淹留也。家中大小，想俱安适。今日忽接馥口^①来信，谓新买上海银行股票，又嘱其卖出，不知何意。想此种股票，亦勉强可以获利，似不须急于出售，致损赢利。如买地皮之类，后利虽丰，而目前无息可得，恐于家用不敷。今年如再有赢余。或不妨办此耳。此问起居佳胜。

炳麟白

八月十九日，阳十月六日（1925 年）

据杭州名人纪念馆提供手稿。

---

① 馥口，人名，具体不详。

潘吉人左右 初二日乘輪抵滬 初三到漢

漣雷雨日 初八到湘 初九即啓行 於試垣十

六晚宿棚 月下撥進艇 十一帮齊漢 被雹壅

去書一早 如今漢墨起 家中大小均侯安 卣

今日忽接賢弟來信 謂新買上滬銀行股

票又囑伐賣未知 何定 敢此種股票家勁

路可一發利利不須急于市價跌 減利

此買地皮之欵 他市買哥無遶

可待捉手家用不 敷 令來如再方薈瓴餘

我不好即付耳 此間起居任勝 炳瑞白

八日十九日 陽十月六日

汤夫人左右：

天时溽暑，已换夏衣。草地铺好者半，宅后围墙亦将砌好。吾服二冬膏后，痰转难出，想补肺太过，顷已停服，唯服枇杷蜜耳。慢性气管支炎，暑日当不发，而今宛尔如昔，何也？今遣有容①回家搬物，卓椅、衣匮总不厌多，沙发罩簟亦不可少。夏日坐光沙发如盖棉被。可厌之甚。导果往南京交军事教育否？汇款一千九百圆昨已取到，勿念。此问起居康胜。

麟白

六月廿七日（1934年）

据杭州名人纪念馆提供手稿

---

① 有容，似章太炎身边仆人，或学生。

満亥人左否了以得善已換夏衣革□
錦如方半沒圍牆亦賴伽好吾服三冬
膏沐瘀痢漸未越補師太血頃止停
服順服枇杷蜜耳慇性氣全支茲茗
曰昔不發而今宓爾如昔何也今遺有宓
回家搬物車僑衣匯便不厭去沙發
翠軍第六不可力夏日坐完沙發如茲
縣波百厭公甚等果注訴京意軍事
救肯否匯款一千九百圓咔山的則句
会此間起府康勝　糲白
六月廿七日

351

致龚宝铨（十八通）

未生长倩[①] **左右：**

　　相隔岁余，未通一札。人事变幻，如何可言。仆遭围守者五月，幽居又五月矣，不欲以五羖鬻身，遭值穷匮，遂将槁饿，亦所愿耳！来月初旬，盖仆陨身之日也，乌呼！古之达士，吾谁敢拟？刚婞之性，往往似刘青田，亦不知其墓安在？愿为求得遗茔，借一抔而托处焉（付书一纸）。西湖虽有廷益[②]，玄

---

　①　长倩，倩指女婿，长倩即长婿。

　②　明朝名臣于谦（1398-1457），字廷益，号节庵，浙江钱塘人。

著^①、伯荪^②，焕卿^③祠墓，而仆性不憙杭地。观其人士，情钟势爝，趣利若骛（其人有主张排满者，有主张君主立宪者，有在家乡办事者，要皆借名射利，无一方信。），素尝远而避之。焕卿性恶浮华，而独受欺于省城人士；今若复生，当亦裂眦矣。往昔所希，惟在光复旧物，政俗革新，不图废清甚易，改政易俗，竟无豪铢可望，而腐败反甚于前。然曩时所以不去者，亦慕宋贤程伯谆言："一命之士，必思有以济物。"况仆身当贞观，其敢忘百姓之优。去岁在东三省半年，上下牵掣，卒不如志，犹幸身无妄取，微有仁声，不为士民诟病耳。戚友数人，多于清时尝从薄宦，代异时移，窘不终日，不思仆之处地，而欲求为提振，当时未尝一从其愿，颇复见怪。今观仆死三日，家无余财，其殆可以释然矣。夫成功者去，事所当然，今亦瞑

---

① 玄著，即南明儒将张煌言（1620-1664），字玄著，号苍水，浙江鄞县人。

② 伯荪，即徐锡麟（1873-1907），字伯荪，号光汉子，浙江绍兴人。

③ 焕卿，即陶成章（1878-1912），字焕卿，号陶尔山人，浙江绍兴人。

目，无所吝恨；但以怀抱学术，教思无穷，其志不尽。所著数种，独《齐物论释》《文始》，千六百年未有等匹。《国故论衡》《新方言》《小学鉴问》三种，先正复生，非不能为也。虽从政蒙难之时，略有燕间，未尝不多所会悟，所欲著之竹帛者，盖尚有三四种，是不可得，则遗恨于千年矣！顾复省念，近见后生之好学者，亦无几人，远不逮日本留学生。以国人而治国学，其情又不如东人之笃好，然则本实先拔，枝叶自亡，虽强聒不舍无益，亦可以无恨矣。季子[①]、逖先等四生，亦未知可以光大吾学否耶？箧中尚有遗稿及书一二千卷，仆死之后，足下幸偕内人来京携取。书不足重，遗稿为当存耳。以足下鸿冥蝉蜕，物外天全，到京必不为人疑忌，可以直前也。家室微弱，足下亦穷，惟望出入周旋，勉强扶助。近当安，籍遗

---

① 季子，即黄侃（1886-1935），初名乔鼐，后更名为乔馨，后改为侃，字季刚，又字季子，晚年自号量守居士，湖北蕲春人，章门大弟子。

产三十亩，聊供饘粥入学之资。先公^①坟墓，终焉远离，幸两兄可以主祭，无忧血食。家次兄^②天性笃慎，学问亦可入流。长兄^③年过六十，言行略同，虽天性清和，而不能取容当世，则犹以任朴致此也；况如仆者，焉可以全七尺之躯哉！书此达意，临颖悲愤。

章炳麟鞠躬

五月二十三日（1914年）

---

① 先公，即章太炎之父章濬，字轮香，又字楞香，廪生，生平长于医，为人治病辄效，暇则以诗自娱。

② 次兄，章箴（1865-？），字钟铭，光绪时举人，曾任中学教员、浙江印铸局编纂、浙江图书馆监理兼编辑，代馆长，馆长等，主持馆务很多年，贡献卓著。

③ 长兄，章箴，清光绪戊子浙江乡试举人，嘉兴儒学训导。

〇〇二

　　房舍近已看定钱粮胡同，月租五十三圆，京师生活程度，较上海为三与二之比例，加以买书等费，终非四百左右不足以支一月（无书则郁）。书中所云月筹五十圆者，杯水车薪，无济于事。柱中虽有资助，亦非久计，能筹集三年资斧，不取彼中一文，最为上策。次则筹集半年资斧，亦免彼中挟制也。三年之计，当须二万，君可与柱中联名电告南洋，为之筹划（爪哇商君自知之，新加坡希路士的在老商会董事林秉祥，前岁亦由仆介绍于黎公。去岁南洋人来，知仆于南洋颇有信用，告急筹款，当能有助）。半年之计，亦须三千，如抑卮外峰辈，似亦可以转乞。总之眷属来京，利多害少，而筹资实为要计（眷属来后，黎公亦允为助，但亦恐不能久累耳）。谋定而行，乃无悔吝。得信后望至上海与蛰公、逖先商议，余人不必示知，浙中官吏难旧同志，亦不必与谋。

七月四日（1914 年）

○○三

南中或欲上书陈请，请予南归，此可谓暗于事理者。近睹彼中情态，忌我者不在一身，只恐南方多革命党耳，岂肯轻易纵遣耶？半年以来，钱念劬、李柱中数为辗转关说，卒未有效。自出龙泉寺后，钱、李皆从旁边调护，而彼中终未涣然冰释，则以家累不在京城故也。南中诸友向未深思其理，又颇有怪念劬不能竭力者，其谬亦甚。念劬本南皮^①旧僚，素有袁系，特以名誉素优，虚加礼貌；参政一席，亦等于间散耳。其中调护，皆辗转间接而为之，夫安能直接进言耶？（今日廉远高堂之势甚于清时。）足下宜劝内人早定行计，一面访问君默、坚士^②何时携眷入京，即以同行为妙。资斧望向南洋筹集，及早为之，不至误事。若急遽不及，家中存贮银行一款，亦可支取入都（存

---

① 南皮，即张之洞（1837-1909），字孝达，号香涛，祖籍直隶南皮，生于贵州兴义，故时人多据第望称其为"南皮"。

② 君默，即沈尹默；坚士，即沈兼士。

款一年将满）。总之，京师、上海分住两家，用费必逾于并住，此理所易知者也。若谓医院可以暂居，则不知容膝之地，断不能久安矣。房屋定计租赁，明知彼中必无纵行之事也，此情宜与内人言之，从早决定。

《文始》《国故论衡》《小学答问》，望各寄十许册。

七月十五日（1914年）

近日租得东城钱粮胡同一屋，尚觉宽裕，略加修治，今日即可迁居。此次事状，由黎副总统从中调护（黎本亦遭疑忌之人，近与当事通婚姻，疑忌颇释，故可进言）。李柱中资助，钱念劬助力，而二君奔走虽勤，终不能接直进言于当事，皆由黎公处间接成之。近日需款，则由念劬筹划（实亦黎公暗为主张）。可免警察厅挟制矣。惟眷属未来，政府未肯筹出正名的款，盖仍带五分疑虑也。急当告知内人速与两沈夫妇同行。

书籍在哈同花园者，若不能与月霞①直接往问，彼处门上亦可指示（自著《齐物论释》，彼处尚有存本，亦当带致四五十册。如门上不知，可函知金山宗仰②，必知之）。其《小学答问》《文始》，望先寄二三十册来耳。

近日除念劬、柱中及诸学生外，得叶德辉③一人，可与道

①　月霞法师（1858-1917），俗姓胡，名显珠，湖北黄冈人。1878年因科举失利辞亲往南京大钟寺礼禅定大师求度出家，住大通莲花寺。后又参学于金山、天宁等明寺。初究天台教义，后研华严宗。1912年，在上海哈同花园开办华严大学。

②　金山宗仰，即黄宗仰（1865-1921），俗名黄浩舜，别号乌目山僧，笔名黄中央，江苏常熟人。1880年常熟清凉寺出家。四年后，镇江江天寺受戒。后受犹太富商哈同之华籍夫人罗迦陵之邀请，设计建造爱俪园，并在其内讲授佛法。1902年，与蔡元培、章太炎合作发起中国教育会，推动教育改良。翌年成立爱国学社，收容南洋公学等因反对学校当局压制而退学的学生。入民国，先后主持江天寺、栖露寺等。与章太炎关系不错，多有诗书往还。

③　叶德辉（1864-1927），字奂彬，号直山，别号郋园，湖南湘潭人，祖籍苏州。光绪十八年进士，分发吏部主事，旋即辞官归里乡居，以提倡学术为己任。维新运动时，力持适度的政治文化保守主义，辑有《翼教丛编》捍卫儒家伦理纲常。入民国，任省教育会会长。后组织筹安会湖南分会，认同恢复君主立宪体制。

古（叶为力攻康、梁二人，遂以顽固得名，其实知识远过壬秋①，而亦未尝与政府腐败官员同气，因其素畜家财也。今岁为汤芗铭②所杀，柱中救之获全，亦仍赖"顽固党"三字）。此君亦不乐久留，仆与柱中强挽之，盖外籍顽固之名，已解当

---

① 壬秋，即王闿运（1833-1916），字壬秋，又字壬父，号湘绮，人称湘绮先生。咸丰举人，肃顺家庭教师，曾国藩幕僚。先后主讲成都尊经书院、长沙思贤讲舍、衡山船山书院等。授翰林院检讨。入民国，任清史馆馆长。壬秋长时期讲学课徒，得弟子数千人，门生遍天下，著者有杨度、夏寿田、廖平、杨锐、刘光第、齐白石等。

② 汤芗铭（1883-1975），字铸新，湖北浠水人。汤化龙之弟。早岁中举，并毕业于武昌文普通学堂，后考入福州船政学堂，稍后被保送至法国留学，又转赴英国习海军。宣统元年归国，任舰长，为重建海军贡献卓著，后升任海军统制萨镇冰之参谋长。武昌起义发生，汤芗铭响应其兄汤化龙的建议，率海军起义。后任南京临时政府海军部次长兼北伐军海军总司令。入民国，历任教育部次长、海军次长、湖南都督兼民政长、湖南巡按使、湖南将军。后带头拥戴袁世凯称帝，被册封为一等侯。后在乃兄汤化龙劝说下，反戈一击，宣布湖南独立，自任湖南都督，给袁世凯致命一击。

途疑虑。叶感仆意（初光复时，叶亦几为唐蟒①所杀，以素与唐才常②相攻也。仆曾驰书救之，故叶亦念此旧恩也）。当不遽去。朋友尚然，而况同室。此意当令家人知之也。

七月二十四日（1914年）

---

① 唐蟒（1887-1954），字圭良，湖南浏阳人。唐才常之子。唐才常殉难后，避居上海，更姓易名，后赴日本习军事，1908年毕业回国，先后任汉阳炮兵指挥官、岳州镇守使。入民国，历任湖南陆军中将参谋长、第一混成旅旅长、湖南讨袁军司令等。

② 唐才常（1867-1900），字黻丞、佛尘，湖南浏阳人。与谭嗣同同师欧阳中鹄，并称为"浏阳二杰"。甲午后，树大节，倡大难，行大改革，为维新运动最积极的参与者。戊戌政变后，策动长江两岸各省起兵勤王，以清君侧。庚子难起，一方面在上海参与发起中国国会，试图创造新的自立国家；另一方面组织正气会，后易名自立会，组织自立军，约定8月9日在鄂皖赣湘诸省同时起兵，后因各种原因走漏了风声，遭湖广总督张之洞搜捕而血溅荒丘。

○○五

未生长倩左右：

二十四日发书，想已收到，尚未得复，甚怅怅也。是日下午即迁居钱粮胡同新寓，连日扫除略定，房屋甚宽，兼栽竹木，复有花园一所，可以自娱。念勖购全史、九通、《通鉴》、经疏诸官料书，并作书架十余具，而竟未能充栋。自馀希见之书，更当陆续自购也。杂役、厨手共用三人，其暗探作仆者亦已遣去。朋友欢聚，聊可破愁。前书劝内人与沈氏兄弟同行，想能同意。此后嫌疑当能尽释也。行计若犹未定，望速赴上海，寻张伯纯夫妇为之解喻，以伯纯素为内子所信服耳。所属堂幅、对联书就寄上，自著书及藏书在哈同花园者，望询问仰师①（在上海），可知其处。《齐物论释》《文史》想肆间存者尚多，

---

① 仰师，即黄宗仰。

请先寄二三十册为要。闻季刚①近写文集，近作可添入者，有《陆机赞》一篇，他日寄去。《左传读》在行箧，尚拟改定。《訄书》改削之稿尚在上海，近复拟大加修正。凡自文集而外，自著之稿皆由内人携来为安。著述之心，近益汲汲矣。□患渐除，家人聚首之思亦殷勤于曩日矣。此事□望足下晓告，去其疑虑。

章丙麟白

八月初一日（1914年）

据杭州名人纪念馆提供手书

---

① 季刚，即黄侃。

366

〇〇六

冬月裘衣，皆在家中箱筥，北地寒凓，仆素恶火炉，非狐貂不能御寒，此亦急当携上者。书籍尚有数件（遜先来时失带），如《大观本草》《问经堂丛书》《瑜伽师地论》及自著《訄书》改削稿本，并宜带上，余则花瓶瓷玉数事耳。

足下虽病，此事宜勉强一行（伯纯夫妇必宜请到）。以此为言，似亦不能异议。况遜先携去三百圆，皆彼中资助旅费之款，不作一行，亦何能明取与之分，而解欺诈之名耶？总之内人宜来久住。

八月十一日（1914年）

足下速来沪，将吾所有衣箱、什器、书籍，一概付运来京。（书存哈同花园者，在其藏经流通处。）

八月十六日（1914 年）

家中书籍，有《问经堂丛书》《大观本草本事方》《二酉山房丛书》《孔巽轩遗书》《瑜伽师地论》《唯识撰要》及自著书为要。此皆小种，易携。

其余多在哈同花园，书亦多缺，唯《守山阁丛书》《艺文类聚》《周礼正义》《墨子间诂》尚完耳。

仆所作文集，经季刚迻写，甚好。唯箧中尚有改定《訄书》，未能惬意，今欲重加磨琢，此稿亦望先期带致也。

八月二十日（1914 年）

○○八

前得《文始》三十册，其《小学答问》未见寄来，望为付印寄交。箧中尚有《訄言》改本，亦望速寄，拟再施笔故也。

八月二十日（1914年）

○○九

　　足下总须抵沪一行，劝行者未必有效，而运送物件，非足下亲临不可。

九月十五日（1914 年）

○○十

　　康心孚来京，因托其将三百圆带致家中，以作来京之费。
如内人坚意不来，可将二百圆购□伽《藏经》，并家中残存书籍，
及吾旧稿、衣服之类，一百圆运送来京，然此亦必不得已之说，
究竟购书亦无藉于此也。

十月七日（1914 年）

○十一

　　尔来东警频烦，京师恐将不靖，内人固无庸急于北上，而书籍亦可不必购置。

　　至内人愤激之情，仆已深晓，前已作书宛转言明，近更作一函，请为加封转寄。且当看东事如何，再定北上南留之计。

十月九日（1914 年）

○十二

　　所有文集及自著书，钞副留杭亦大好，唯《焄书》改本一册，尚未大定，可即钞録大略，原本俟德玄①来京时，可速带上，拟再有增修也。北京书籍甚贵，新书又不可得。浙馆近印定海

———

　　① 德玄，人名，不详。

《黄氏遗书》①，闻甚可观，并局印《论语后案》《周季编略》，望各取一部寄来，或交德玄亦可。拙著《小学答问》，版在浙馆，并望刷印三四十部寄致。《藏经》哈同刻本既有删讹，其日本弘教书院已否卖书，亦不可知，都下无从访问，浙中日人甚多，望为转询也。

十月十五日（1914年）

---

① 定海《黄氏遗书》，应该指定海学者黄以周的作品集。黄以周（1828-1899），字元同，号儆季，又号哉生，浙江定海人。少承父业，以传经明道自任，以为著书当质诸鬼神而俟后圣，有一种不凡学术使命。在讲学的同时，黄以周不忘著述。其研究重点是中国历代典章制度，尤邃于三礼，著有《礼书通故》一百卷，详尽占有历代史料，自三国孙炎《类礼》，至清儒惠士奇、金榜、金鹗、陈立、凌廷堪等人研究成果，无不悉心研读，据此考释礼制、学制、职官、田赋、乐律、邢政、名物等，体大思精，囊括大典，与杜佑《通典》比隆，其校核异义尤过之，为礼学研究之冠，具有非常高的学术价值。太炎先生与黄以周的交往主要在诂经精舍读书期间，主要媒介也与俞樾老先生有关。所以太炎先生对黄以周的感情与观感，也就与其视俞樾老先生为长辈相仿佛，以为俞樾任自然，而黄以周重经术。由此可知，黄以周的影响力主要还在其学术专长，太炎先生后来之所以那样重视三礼研究，先后读《通典》七八遍，并注意重建礼制，为后世中国法，不是毫无来由，实与黄以周的教诲密不可分。

○十三

　　所说《丛书》已竣，寄上一部，是否亲见，抑系闻之？通一①现得心孚书，亦有是语。但彼辈言语本非可靠，通一亦是大意人，须实见其书，实见其寄，乃可凭信，不然则是一时搪塞之际。又《检论》等原书仍须取还，如有删改，原书具在，可以自印也，千万勿疏为要。

十一月十一日（1915 年）

---

　　① 通一，人名，具体不详。似乎与康宝恕的合作者，负责《章氏丛书》印制发行事宜，并与章太炎有直接联系。

○十四

　　据通一来书，知《丛书》甚风行，甲种一千部（即连史印者）。已销尽，则已知乙种二千，其销亦速。足下来书云，图书馆寄售者滞销，盖因浙中朋友知其有误字耳，非普遍于全国也。目下不须与算账，但以连史、有光三千部，计连史售六圆，得六千；有光售四圆，得八千，合之为一万四千。除原用工费六千，当赢八千；四分之，须二千圆。如一时不能如数，可先交千圆，其一千圆则以明年十二月底为期可也。据通一书，言拟再版；若非畅销，必不为此。其账只是花账，可不必观也。

十二月八日（1915 年）

○十五

未生足下：

前有一函寄上海旅馆，想已收到。心如处款果如何？闻彼又拟再版，而此书错乱百出，校亦难清，已书致通一，令将原稿归足下处。大抵心孚兄弟性本欺诈，果于赖债。今即使彼再版，必不如数交款，而书终非精校，进退无益也。若二千之数绝无眉目，宜直往取书，断不可捎带客气也。今时所要者，首在自达其志，志愿成遂则足矣。亡女①开吊闻在近日。黎公屡次愆期，亦由彼心绪恶劣之故。近日政府唐突，授以大封，闻参谋部员全体往贺，坚拒不见，此为可取，要亦羝羊触藩之势耳。仆夜梦荒诞，依前不减，此事亦乐之，知人世本不能久居，何

---

① 亡女，即太炎长女章㕝。

异于死。好在文成后裔已以藏地相许,图契皆可寄来。致远①归,托其税契,所需要地价二十四圆,一时难寄,望先垫交致远。窀穸已成,安坐以待可矣。药肆事经书如何,望再告。

章炳麟白

十九日（一九一五年十二月）

---

① 致远,即杜致远。

○十六

心如处已交来五百圆，想上海家用足支半年。彼欲作甲种再版亦好，但《检论》既可木刻，原稿须速取回。仆处虽有校本，而彼此邮寄，殊属不便。今以原稿存杭，初校、再校即据之互对，终校则取刻本寄京，而仆以自所校本复对，如此邮寄，不须在杭初校，再校亦有所据，此为至便矣。《国故论衡》原稿亦当取回存杭。此书之作，较陈兰甫①《东塾读书记》过之十倍，必有知者，不烦自诩也。《检论》成后，此书亦可开雕，大略

---

① 陈兰甫，即陈澧（1819-1882），名澧，字兰甫、兰浦，号东塾，广东番禺人。道光举人。先后执教学海堂、菊坡精舍数十年，著有《东塾读书记》《汉儒通义》《声律通考》等。时人称东塾先生，并形成了独具一格的东塾学派，梁鼎芬、文廷式、于式枚等均为其及门弟子。东塾学术对岭南，乃至晚清以来学术影响至巨且远。

字数与《检论》相等（十二万余字）。幸有杨惺吾^①所教刻工，以此付之最善矣。《文集》且俟后议，大氐《别录》一种，不烦亟印；《文录》约亦十一二万字，错误甚多，未及校理，如欲动工，必在明年年底矣。商务合股经营甚好。医药著述，仆前此曾数篇，亦未甚精。医药新闻恐难著手。盖精医者甚少，如彼五行六气之论，徒令人厌笑耳。中国今日未必无良医，但所谓良医者，亦但富于经验，而理论则踬焉。恐笔端必有五行六气息字样，免此者万无一二也。鄙意良方可制，而新闻难做。若夫药物出产，古方治效，此或可登之新闻，而药性亦不可依于纲目（以其好用五行附会）。唯《大观本草》可用耳，今日可审慎之医能言之，非者亦不能也。

十二月二十三日（1915年）

---

① 杨惺吾，即杨守敬（1839-1915），谱名开科，榜名恺，更名守敬，晚年自号邻苏老人，藏书印有"邻苏老人""惺吾审定""杨惺吾日本访书记""杨惺吾东瀛所得秘籍""星吾海外访得秘籍"等，湖北宜都人。举人。1880年以驻日公使何如璋随员身份赴日本，两年后回国。后被湖广总督张之洞聘为两湖书院教习。稍后调任勤诚学堂总教长。入民国，聘任为清史馆纂修。杨守敬是清末民初杰出学者，精通历史地理学、金石文字、目录版本，富收藏，善书法。

○十七

前书论商业事，诚然诚然。结账以后，依足下意写立合同耳。笕桥卖地，鄙意以为未可。处乱世宜立定主意，可作生意，不可营实业；可置动产，不可置不动产。所以然者，欲此一身不受系缚耳。通一处《检论》《国故论衡》二稿宜往取，阴历春间可付刻也。杜子规远归青田，托彼税契，未知已将原契寄回否？如尚未到，望函问之。

仆近身体尚安，唯思想不断，一日寂静之境，但有一点钟耳。患梦亦尚如故，久亦习以为常，不复怪矣。此种颠倒妄觉，总由三昧未成，习气难断。图书馆所藏书籍，如有张九成《语录》《论语解》（张九成，字子如，号无垢，南宋人。），杨简《甲乙稿》《己易》（杨简通稿称慈湖，南宋人。）二书，望欲借观。二公皆浙中英杰，亦不谓我不如，但以其在理学部中无理气等障碍，故欲为表彰耳。

二月一日（1916 年）

381

○十八

药业组织如何？望即晓示。

《检论》《国故论衡》原稿，望速向通一处取木板精印。

二月十四日（1916 年）

与汤仲棣 ① （二通）

仲棣兄如握：

阔别岁余，人事变幻，前月始稍复旧。近迁新寓，花木亦尚可观。本月一日以来，副总统^①为之关说，用款亦有著落。而令姊^②濡滞沪滨，未获共尝甘苦，相望甚殷。虽黎公亦颇焦急也。近得令姊来书，知有同意，而太夫人旧患未除，颇复依依膝下。弟意令姊前来则芥蒂可以尽释。高堂奉养，兄与令妹足尽欢娱，似应劝令启行，以慰悬念。且今当事蓄疑，涣然冰释。都下早凉，此时已不似南中之热，途中亦非甚苦。现尚余旅费三百圆在家，可供车费（紧要物件可自带，余托轮船运送）。

---

① 副总统，指黎元洪。
② 令姊，指汤国梨。

此项亦出自当途。吾辈正欲解疑，甚不可向彼失信也。望将此情转告令姊，早来一日，即纾一日之忧。此间起居万福。

姊婿章炳麟鞠躬

八月二日（1914年）

据杭州名人纪念馆提供手稿

〇〇二

仲棣兄鉴：

葿香^① 来，得书知近况甚绌。吾近意有羝羊触藩之势。与其溃围而出，终遭暗杀，何如以软法支吾。近以讲学自娱，稍勉忌嫉。大抵必逮一二年后，其气方息。拟于明正请令姊来京，以解彼疑，而纾吾虑。望力为劝驾也。

章丙麟鞠躬

十二月十日（1914 年）

据杭州名人纪念馆提供手稿

---

① 人名，具体不详。应是汤家，或章家亲戚、家人，或仆人。

致章珏（二通）

珏览：

　　昨得手书，知汝已移居上海，现在汝母归家，一人孤寂，当博览书史，已自解闷，不宜懒散，坐消时日也。汤宅奠分，今寄十圆，以汝母远在乌镇，邮局汇钱不便，故以函寄汝处。接到可转寄乌镇也。汝近日与何人作伴？起居饮食多宜留意，用钱亦宜撙节。常日读书之外，宜常服橄榄、藿菔等物，以防时病。我近身体尚佳，勿念。此问近好。

二月十六（1916）书

鵬晚此諗手言知汝已移床上海現真汝母師家

一人孤寂常諦晚言尖八自解悶不宜嫩坐

沛卅日地湯宅寓分今寓十圍小汝亦遠立為候

郵匃匯錢不便坂八面寄汝慶提此可特爭

為鎮處汝征日與何人作伴延床低在多宜留

意因錢亦宜揹師常日讀言之外宜常卅撤

楼菇蕻等物以防卅病我近月神尚佳勿念

此問近好　　三月十六日青

○○二

珏览：

久不得汝手书，但知近日颇肯读书，吾心为慰。所需史书，二十四史须百余圆方可置备，一时亦难以穷览。石印《资治通鉴》不过七八圆可买，实即全史之节本耳，览之亦易也。吾向日教钟稚琚①，祇令其览《资治通鉴》，不令其览二十四史，盖以人生日力有限故也。果熟读《资治通鉴》，在今日即可称第一等学人，何必泛览也。闻汝近亦知节用，甚好，终须竭力务学，以为后图。汝姊之死，固由穷困，假令稍有学业，则身作教习，夫可自谋生计，何至抑郁而死！此事须常识之，此问近好。

四月二十日（1916年）

近当写一手书来。

---

① 人名，具体不详。应是汤家，或章家亲戚、家人，或仆人。

390

谨儿览久不得函多青但知近日颇有

读书兴心为慰历看史书高尚史纪

百馀卷固方不置備一时也那能览

知卻资治通鑑不过七八册下实费

即全史之卻本可晚之母多逆者

内日教儿从张祇今共晚咳诊通

館不令共晚三十四史盖以八册日力

有限故也果能读资治通鑑左今

391

即可稱第一等學人何必沾沾覽此閒

海近來名節用意好珍須調力撐

學以為成圓海姊之孔同由室用

假令稱有學業則身作教習夫子

自謀生計何必抹禁少孔如此事

終亦識之必閣近況

四日古

近宮窩一手奉來

致朱镜宙① （七通）

---

① 朱镜宙（1889—1985），字铎民，晚号雁荡白衣，浙江乐清人。辛亥革命志士、南洋华侨史专家、报界名人，民国年间曾在财政部门担任要职。章太炎基于对乐清朱家以及朱镜宙个人的欣赏将三女儿章㠭许配给朱镜宙。两人于 1924 年在上海一品香饭店举行了隆重的婚礼。两人婚后育有一女朱人娴，1948 年冬，朱人娴在飞往香港途中不幸遇难，同年朱镜宙在广东韶关南华寺皈依佛门，后去了台湾，章㠭独自返回杭州居住。本部分七通书信皆来自《朱铎民师友书札》。

铎民贤倩足下：

前数得手书，已寄一覆，何以至今尚未到也。生日又得祝电，近更得一书，知婚期定于除历二月廿间，但指定何日，须由足下决择，择定后乃付季鸾①可也。如不诹吉日，随意选日，

---

① 季鸾，即张季鸾（1888—1941），名炽章。中国新闻家，政论家。陕西榆林人，1905 年官费留学日本。1908 年回国，一度在于右任主办的上海《民立报》任记者。辛亥革命后，担任孙中山先生的秘书，负责起草《临时大总统就职宣言》等重要文件，并且发出了中国近代报业史上第一份新闻专电。因反袁世凯被捕。出狱后，在上海先后任《大共和日报》编译和《民信日报》总编辑。1916 年任上海《新闻报》驻北京记者。1916—1924 年任北京、上海两地的《中华新报》总编辑。1926 年与吴鼎昌，胡政之合作，成立新记公司，接办天津《大公报》，任总编辑兼副总经理，主要负责评论工作。张季鸾在主持《大公报》笔政后，先声夺人，提出著名的"不党、不卖、不私、不盲"四不主义办报方针。

本无不可，如沿俗例诹吉，但使于足下及廖君（己亥年生），本命不相犯可矣，厦门亦有日者^①可问之也。定后即可与知，以作准备。定奁资礼费合三千元，奁资二千元，且交廖君自办，礼费千元，由愚处零碎发用。大约仍有一半赢余，毕后付廖君也。男女两家行礼请客，各由自办，愚处多照旧式，足下处任自主耳。观礼券亦应由男方发出，夫妇二人列名可也（远地的不必发，千里来观，事所必无）。此问刻祉。

章炳麟顿首 十月二十日

---

① 日者，即中国古代观察天象的人，也叫司天官，也泛指以占候卜筮为业的人。

○○二

铎民贤倩足下：

林君来，收到桂圆一篓，随属厦门中学教员龙君 ① 带致，笋干、咸肉各件，本月八号内人又致廖君一函，近想已收到矣。今接五号来书，所说廖君病状危险至此，不胜骇异。外人名为血蛇，是否中国所称红丝疔一类，如其即此，不可开刀，前胡

---

① 龙君，即龙榆生（1902—1966），本名龙沐勋，字榆生，号忍寒。江西万载县人。著名词学家，龙榆生的词学成就，与夏承焘、唐圭璋并称，是二十世纪最负盛名的词学大师之一。曾追随黄侃学习声韵、文字及词章之学，同时教黄氏次子读《论语》，并由此与章太炎产生渊源，此时龙榆生正在厦门集美中学任教。

笠僧① 即以开刀受害也。脚去心远，但不上延，当可无虑（膝上务须扎紧）。中土对于外证，向主忌口，西医则否。然如疗毒之类终以忌口为是，肉及鸡蛋且弗令为要，其余能尽忌最佳，不能则如火腿、冬瓜之类，不妨餐服耳。接信时去发信已九日，复信到时或已占勿药，则更欣慰矣。

此问起居康胜。

麟顿首，九月十四日

---

① 胡笠僧，即胡景翼（1892年—1925年4月10日），字笠僧，又作励生，陕西富平人，著名爱国将领。1910年入同盟会，辛亥革命时期在耀县组织起义失败后流亡到日本。1915年护国战争时期奉派回国。1917年护法战争期间加入于右任在陕西组织的靖国军，任第四路司令。1920年直皖战争后被直系收编为陕军第一师。直奉战争期间所部驻在彰德—顺德一线。1924年10月第二次直奉战争期间，又暗与冯玉祥、孙岳联合倒直，发动北京政变。后与冯、孙组织国民军，任副司令兼第二军军长。11月，任河南军务督办。 1925年3月12日，孙中山先生在北京突然病逝。噩耗传来，胡景翼将军悲痛欲绝，精神受到沉重的打击，右臂上的疗疮复发，病情急剧恶化，经医治无效，于1925年4月10日，在开封与世长辞，享年仅34岁。

○○三

铎民贤倩鉴：

承问欧阳[①]谢表语所云"零于清血"者，实即"零清血"耳，质言则是"流泪"也，赐集而以捐躯流泪为言，缘事在仁宗殁后，追思恩遇，故有此言。唯词语终有未稳，大抵四六文章[②]，非读书广博、运用自然者，往往有凑砌之病，欧亦不能免也。此复。

麟白，民国二十年二月十九日

---

① 欧阳，即欧阳修。

② 四六文章：即骈文，始于六朝，盛行于唐宋，多为颂扬酬应之作。

○○四

铎民贤倩足下:

　　导儿纳妇草草成办,近况尚如昨也。兹有庆阳张君庆华,昔在济南以团长资格抗日,事过失官。其人本辛亥革命同志,志趣不凡,现随甘宁青盐务收税局长水君①到兰,以盐税财政事多关联,属介绍与足下一面,张君在今日可谓有志未展者,且年力亦正富强,他日必可为国展效,足下见之,自能知其襟抱也。特书。顺问起居康胜。

章炳麟肃,一月十六日

---

　　① 水君,即水崇逊,曾任财政部盐务稽核所西北盐务收税总局局长。

铎民贤倩足下：

生日承远电致祝，谢谢。河湟间气候高寒，卫养当慎。吾在长春时年亦四十余，寒溧虽甚，然炉火完备，犹不能耐，足下在彼可知矣。

"回部"又扰，虽止疏勒①一隅，其种类遍布，天山南路恐非盛世才所能了，新疆一陷，甘凉、安肃即为边地，百孔千疮，无处不起。今日虽有伊、管②，亦难为力，吾辈分作左衽，又何言耶？

章炳麟肃，一月廿六日

---

① 地名，即今疏勒县。
② 即伊尹、管仲。

○○六

铎民贤倩足下：

得书具悉，汲古《十七史》近人视之不甚贵，上海不过值百二十圆，两湖不过值八九十圆，不意闽土尚值三百余金，此种书可不必买，盖营业必无利也。

和陈两律大致颇好，而字句不甚妥帖。第一首"天涯薄宰官"，"天涯"两字不合，当改作"人中"。第二首"风物尘心歇"，"风物"两字亦不合，当改作"轩冕"，庶与下三字相应。题称"石遗前辈"亦非当，改称"先生"或者"丈"皆可。此问

起居康胜

麟顿首，五月三十日

廖君均此。

○○七

铎民足下：

本日由中国银行交到手书并荔枝一篓，慰甚。本年梅雨太盛，上至湘赣，下至浙之杭绍，亦患水灾，米价恐必涨至二十圆外，未知闽省何如。入伏以来，气候渐热，此间以前遭淫雨，霍乱渐作，厦门如何？饮食盖藏，务望注意。此问近好

麟顿首，七月二十七日

廖君、厦生 ① 均此。

---

① 人名，疑似朱铎民和章珏的女儿朱人娴。

致章导（一通）

导儿览：

　　初五日到汉口，次日在武昌下宿，初七夜乘车赴长沙，八日下午到，九日开考。身体尚好。此间天气较热，悔不着夏布衣服。家中大小想俱平安。读书能有进步否？此问近好。

父字

八月初九日

達院一昨晤胤庸小弟云

我兄下病初七夜之車赴長沙

八日下午即可抵省開會身詢尚好

昨間下筆較難恐不能一一布悉眼

家中大小均候平安諸希鑒察為迫

費神間近如

文在八日初七

2